Leckeres aus dem Suppentopf

Meister Verlag GmbH

INHALT

SUPPEN AUS ALLER WELT

Eine klare, würzige Brühe als Appetitanreger, ein samtig-feines Sahnesüppchen als Gaumenschmeichler oder ein üppig-deftiger Suppentopf zum Sattessen – Suppe ist Nahrung für Leib und Seele. Ohne ihre köstliche Vielfalt wären die Küchen der Welt ärmer.

OSTEUROPA

Eine gute Suppe wärmt, tröstet und macht satt, sagt man in Osteuropa. Wo lange, strenge Winter ihr Regime entfalten und die Gesellschaften weitgehend bäuerlich und arm sind, ist Suppe ein Grundnahrungsmittel, das viele Bedürfnisse befriedigen muß. Entsprechend reichhaltig sind die Suppen in Europas Osten, und nie fehlen sättigende Zutaten wie Kartoffeln oder Getreide. In der Küche haben sich die Länder des ehemaligen Warschauer Pakts ihre Volkstümlichkeit erhalten. In den Suppen dominieren regional bedeutende Gemüsesorten, und gerne gibt man auch etwas vom ortstypischen Käse bei.

NORD- & MITTELEUROPA

Nordseekrabben und steirischer Kürbis, Kartoffeln, Pfannkuchen und sogar Bier – alles, was lecker und nahrhaft ist, landet im Suppentopf. Als Einlage besonders beliebt: alle Arten von Knödeln, Klößchen und Nocken.

ASIEN & FERNER OSTEN

Chinesen lieben Suppe so sehr, daß sie als krönender Abschluß eines gelungenen Festmahls gilt. Chinas Suppen sind in der Regel besonders

AFRIKA & NAHER OSTEN

leicht. Üppiger sind die Suppen Indiens und vor allem Indonesiens, denen Kokosmilch, die Sahne des Fernen Ostens, sanfte Fülle verleiht.

Hülsenfrüchte, Getreide, Gewürze und Zitrone – auf dieser Grundlage zaubern nordafrikanische Hausfrauen und Köche 1001 Suppenvariationen. Von ausgesprochen kräftigem Geschmack sind sie alle, angenehm sättigend und durch die leichte Säure recht bekömmlich.

Neue Welt

Obwohl Australien und Neuseeland am anderen Ende der Welt liegen, mutet uns Mitteleuropäer ihre Küche eher vertraut als exotisch an. Kein Wunder, sind es doch großteils die Nachfahren europäischer Auswanderer, die zunächst in Nord- und Südamerika und später in Metropolen, wie Auckland oder Sydney, heimisch wurden. Die Kochkunst ihrer deutschen, englischen oder italienischen Herkunftsländer haben sie nie ganz aufgegeben, sondern sie erweitert und durch asiatische oder kreolische Elemente ergänzt.

Mittelmeerraum

Im Mittelmeerraum müssen Suppen nicht als Magenwärmer herhalten. Eher sind sie würzige und elegante Appetitanreger oder können sogar zur Kühlung an heißen Tagen dienen. In Griechenland kombiniert man die Favoriten der leichten Küche, Gurke und Joghurt, zu einer angenehm pikanten Erfrischung.

MOLDAWISCHE KARTOFFEL-KÄSE-SUPPE

MOLDAWIEN

In der bäuerlichen Küche Moldawiens wird beim Kochen mit Gemüse nicht gespart. Nicht nur an kalten und regnerischen Tagen hält diese herzhafte Suppe Leib und Seele zusammen.

ZUTATEN
(Für 4 Portionen)

- 2 Zwiebeln
- 2 Möhren
- 2 Kartoffeln (etwa 300 g)
- 3 EL Butter
- 1 TL edelsüßes Paprikapulver
- 1 l Geflügelbrühe
- Cayennepfeffer
- 200 g Schafskäse (siehe Zutatentip)
- 1 Bund Schnittlauch
- Salz, weißer Pfeffer

ZUTATENTIP

Für diese Suppe verwendet man traditionell »brînza«, den man bei uns nur schwer bekommt. Statt dessen können Sie anderen harten Schafskäse wie »Kasar Peyniri« (in türkischen Lebensmittelgeschäften erhältlich) oder aber auch Cheddar nehmen.

1 Die Zwiebeln schälen. Die Möhren und die Kartoffeln waschen und schälen. Dann das Gemüse in kleine Würfel schneiden. Die Butter in einem Topf erhitzen. Die Zwiebeln darin glasig werden lassen. Die Möhren hinzufügen und zusammen mit den Zwiebeln goldbraun anbraten.

Schritt 1

2 Die Kartoffeln und das Paprikapulver dazugeben. Die Geflügelbrühe angießen. Die Suppe nach Belieben mit Cayennepfeffer würzen. Zugedeckt etwa 25 Minuten garen, bis das Gemüse weich ist. Den Schafskäse grob reiben. Den Schnittlauch abbrausen, trockenschütteln und in ganz feine Röllchen schneiden. Beiseite stellen.

Schritt 2

3 Die heiße Suppe mit dem Stabmixer fein pürieren (siehe Kochtip). Den Käse dazugeben. Unter Rühren bei schwacher Hitze in der Suppe leicht schmelzen lassen. Mit Salz und Pfeffer abschmecken. Die Kartoffel-Käse-Suppe in vorgewärmte Teller geben und mit den Schnittlauchröllchen bestreuen.

Schritt 3

Zubereiten **35** Min. Garen **35** Min.
Pro Portion: 690 kcal/2888 kJ;
59 g EW; 31 g F; 44 g KH

TYPISCH MOLDAWISCH

Rustikal, schlicht und doch vielfältig – genau wie diese irdenen Töpfe in einem Reiferaum für Käse – ist die Küche Moldawiens. Gemüse und Kartoffeln bilden die Basis für viele Gerichte wie diese Suppe. Sie werden mit Kräuter und pikantem Käse aus Schafsmilch verfeinert und immer wieder abgewandelt.

Kochtip

- Statt das Suppengemüse zu pürieren, können Sie es auch gewürfelt lassen. Dann garen Sie das Gemüse aber nicht weich, sondern einfach nur bißfest.
- Diese Suppe läßt sich auch gut vorbereiten. Den Käse dann jedoch erst kurz vor dem Servieren grob reiben und in der Suppe schmelzen lassen.

Serviertip

Mit würzigem Vollkorn- oder Bauernbrot serviert, wird aus dieser Suppe ein vollwertige Hauptmahlzeit. Als Vorspeise bietet sich hierzu ein gemischter Salatteller mit roten Paprikastreifen, Maiskörnern, Tomatenachteln und ein paar Blättern kleingezupftem Kopf- oder Eisbergsalat an.

GEMÜSESUPPE »KRUPNIK«

POLEN

Viele frische Gemüsesorten gehen zusammen mit Graupen in diesem typisch polnischen Suppentopf eine harmonische Verbindung ein. Steinpilze verleihen ihm die ganz besondere Note.

ZUTATEN
(Für 4 Portionen)

- 10 g getrocknete Steinpilze (siehe Kochtip)
- 100 g grüne Bohnen
- 1 große Möhre
- 1 festkochende Kartoffel
- 80 g Hühnerklein (siehe Zutatentip)
- 1 Zwiebel
- 2 EL Butterschmalz
- 100 g Graupen
- 1 l Fleischbrühe
- 1 Lorbeerblatt
- 50 g Tiefkühl-Erbsen
- Salz, schwarzer Pfeffer

AUSSERDEM

- 150 g saure Sahne
- 2 EL Dillspitzen

ZUTATENTIP

Am besten kaufen Sie Hühnerherzen und -lebern. Eventuell vor dem Waschen von Sehnen und Adern befreien.

1 Die Steinpilze mit lauwarmem Wasser übergießen und in einer Schüssel zugedeckt etwa 2 Stunden quellen lassen.

2 Die Bohnen waschen, putzen und in 3 cm große Stücke schneiden. Die Möhre und die Kartoffel waschen, schälen und in Würfel schneiden. Das Hühnerklein waschen, trockentupfen und zerkleinern. Die Zwiebel schälen und fein würfeln. Die Steinpilze in ein Sieb geben und dabei die Flüssigkeit auffangen. Die Pilze kleinschneiden und das Einweichwasser durch einen Papierfilter gießen (siehe Kochtip).

3 Das Butterschmalz in einem Topf erhitzen. Die Zwiebel darin glasig werden lassen. Die Möhre, die Kartoffel, das Hühnerklein und die Graupen hinzufügen und alles kurz mitdünsten. Die Fleischbrühe und das Pilzwasser angießen. Zugedeckt bei schwacher Hitze etwa 10 Minuten köcheln lassen.

4 Das Lorbeerblatt, die Bohnen, die Erbsen und die Pilze dazugeben. Die Suppe mit Salz und Pfeffer würzen. Zugedeckt etwa 20 Minuten garen. Die Suppe in vorgewärmte Teller geben und jeweils mit einem Klecks saurer Sahne und Dillspitzen garnieren.

Schritt 1

Schritt 2

Schritt 2

Zubereiten **30** Min. Garen **35** Min.
Quellen **2** Std.
Pro Portion: 645 kcal/2700 kJ;
52 g EW; 24 g F; 55 g KH

TYPISCH POLNISCH

Polnische Hausfrauen sind Meisterinnen im Improvisieren. Sie kochen mit dem, was es auf dem Markt gibt, und je nachdem, welche Zutaten gerade zur Hand sind, variiert das Rezept. Unverzichtbar in einer richtigen polnischen Suppe ist aber eine sättigende Einlage wie etwa Graupen oder auch Buchweizengrütze.

KOCHTIP

Nicht selten haftet an getrockneten Steinpilzen noch etwas Sand. Deshalb sollten Sie das Einweichwasser der Pilze immer durch einen Filter laufen lassen, bevor Sie es zum Kochen verwenden. Zum vollständigen Herausfiltern des anhaftenden Sandes können Sie einen ganz normalen Kaffee- oder Teefilter nehmen.

SERVIERTIP

Zu dieser kräftigen Suppe schmeckt ein frisches aromatisches Schwarz- oder Graubrot. Als Dessert ebenso köstlich wie erfrischend sind Joghurtnocken, angerichtet auf Orangen- und Grapefruitfilets. Mit Minzeblättchen garnieren, dann mit Puderzucker bestäuben.

SÜDBÖHMISCHE PILZSUPPE

TSCHECHIEN

ZUTATEN
(Für 4 Portionen)

- 1 Zwiebel
- 350 g mehligkochende Kartoffeln
- 1 EL Butter
- 1 l Fleischbrühe
- 150 g Steinpilze (siehe Zutaten- und Kochtip)
- 2 Eigelbe
- 150 g saure Sahne
- Salz, weißer Pfeffer

AUSSERDEM

- 2 EL Dillspitzen

ZUTATENTIP

Da frische Steinpilze nicht das ganze Jahr über erhältlich sind, können Sie statt dessen auch 25 Gramm getrocknete Steinpilze verwenden. Bevor Sie die Pilze in die Brühe geben, müssen Sie sie in lauwarmem Wasser einweichen.

Steinpilze gehören zum Feinsten, was der Herbst zu bieten hat. In den böhmischen Wäldern wachsen sie in guten Jahren massenhaft – um sich in eine traumhafte Suppe zu verwandeln.

1 Die Zwiebel schälen und fein würfeln. Die Kartoffeln waschen, schälen und in kleine Würfel schneiden. Die Butter in einem Topf erhitzen und die Zwiebelwürfel darin glasig werden lassen. Die Kartoffeln dazugeben und kurz mitdünsten. Dann die Fleischbrühe angießen und alles zugedeckt bei schwacher Hitze etwa 10 Minuten köcheln lassen.

Schritt 1

2 Die Pilze mit einem Pinsel säubern oder mit einem Küchentuch abreiben. Dann putzen und in feine Scheiben schneiden. In die Brühe geben und zugedeckt bei schwacher Hitze etwa 20 Minuten köcheln lassen.

Schritt 2

3 Die Eigelbe mit der sauren Sahne verquirlen. Die Suppe von der heißen Herdplatte nehmen. Die Eier-Sahne unterrühren, dann die Suppe mit Salz und Pfeffer abschmecken. Die Pilzsuppe in vorgewärmte Suppenteller geben und mit den Dillspitzen bestreuen.

Schritt 3

Zubereiten **30** Min. Kochen **30** Min.
Pro Portion: 305 kcal/1277 kJ;
13 g EW; 19 g F; 20 g KH

TYPISCH BÖHMISCH

Seit der Trennung von Tschechen (Böhmen) und Slowaken (Mähren) hat sich nicht nur das Bild vieler Städte wieder zum Positiven entwickelt. In beiden Teilen der früheren Tschechoslowakei läßt man auch kulinarisch wieder Eigenständiges aufleben. In Böhmen sind dies Pilzgerichte wie diese Suppe mit Steinpilzen.

Kochtip

Pilze sollten Sie möglichst am Tag des Einkaufs zubereiten. Auf keinen Fall waschen, denn sie saugen sich schnell mit Wasser voll. Dadurch verlieren sie viel von ihrem ursprünglich sehr feinen Aroma und werden beim Dünsten zäh. Pilze daher immer am besten mit einem Backpinsel oder etwas Küchenpapier säubern.

Serviertip

Servieren Sie dazu als Hauptgericht Buchteln mit Vanillesauce. Dieses typisch böhmische Hefegebäck ist entweder mit Aprikosenmarmelade oder Pflaumenmus gefüllt. Großzügig mit Puderzucker bestäubt und mit viel Vanillesauce serviert, ist es bei allen beliebt.

Steirische Kürbiscremesuppe

Österreich

Knusprig geröstete Kürbiskerne geben dieser cremigen Suppe herzhaften Biß, ein paar Tropfen des kostbaren Kürbiskernöls reichen aus, um die Suppe noch zusätzlich zu verfeinern.

ZUTATEN
(Für 4 Portionen)

- 800 g Kürbis (siehe Zutatentip)
- 1 Zwiebel
- 2 EL Butter
- ½ l Fleischbrühe
- 1 Knoblauchzehe
- Salz, schwarzer Pfeffer
- gemahlener Kümmel
- 2 EL Kürbiskerne
- 125 g Schlagsahne
- etwas Kürbiskernöl

AUSSERDEM

- 2 EL gehackte Petersilie

Zutatentip

Die orangefarbenen Riesen- oder Speisekürbisse werden von September bis Dezember vor allem auf deutschen Viktualienmärkten angeboten.

1 Den Kürbis in Spalten schneiden. Dann die Spalten schälen und vom faserigen Fruchtfleisch mitsamt den Kernen befreien. Das feste Kürbisfleisch in Würfel schneiden. Die Zwiebel schälen und fein würfeln.

2 Die Butter in einem Topf erhitzen. Die Zwiebel darin glasig werden lassen. Das Kürbisfleisch dazugeben und kurz mitdünsten. Dann die Brühe angießen und alles zum Kochen bringen. Die Knoblauchzehe schälen und dazupressen. Alles mit Salz, Pfeffer und Kümmel würzen. Zugedeckt etwa 20 Minuten garen, bis die Kürbisstücke weich sind.

3 Die Kürbiskerne in einer Pfanne ohne Fett rösten, bis sie duften (siehe Kochtip). Anschließend beiseite stellen. Die Suppe mit dem Stabmixer pürieren. Die Sahne unterrühren. Die Suppe nochmals kurz erhitzen, aber nicht mehr kochen lassen. Das Kürbiskernöl unterrühren und die Suppe mit Salz und Pfeffer abschmecken. In vorgewärmte Suppenteller geben und mit den gerösteten Kürbiskernen und der Petersilie bestreuen.

Schritt 2

Schritt 3

Schritt 3

Zubereiten 45 Min.
Pro Portion: 240 kcal/1005 kJ;
10 g EW; 17 g F; 11 g KH

Typisch steirisch

Schroffe Berge, kühle, klare Flüsse – und doch ist das Klima in der Steiermark für österreichische Verhältnisse eher mild. Hier gedeihen Pflanzen, die im Rest des Landes kaum zu finden sind. Aus den Kernen der steirischen Kürbisse wird in einem aufwendigen Verfahren das dunkle, aromatische Öl gewonnen.

KOCHTIP

Sie können Kürbiskerne auch auf Vorrat rösten: Die Kerne auf ein Backblech legen und im Backofen bei 50 °C rösten, bis sie duften. Dann sofort vom Blech in eine weite Schüssel geben. Ein Weiterrösten der Kerne auf dem heißem Blech wird dadurch verhindert. Trocken aufbewahrt, sind sie etwa eine Woche haltbar.

SERVIERTIP

Bratäpfel zum Dessert: Äpfel waschen. Das Kerngehäuse mit einem Apfelausstecher entfernen. Butter mit Zimt, Zucker und Rosinen mischen und die Äpfel damit füllen. Mit Mandelblättchen bestreut im Backofen bei 150 °C etwa 1 Stunde braten. Auf Vanillesauce heiß servieren.

GRIESSNOCKERLSUPPE

ÖSTERREICH

Sie zählt zu den unsterblichen Klassikern der österreichischen Küche, von Erwachsenen und Kindern gleichermaßen geliebt. Dabei ist sie ganz leicht gemacht und läßt sich gut vorbereiten.

ZUTATEN
(Für 4 Portionen)

FÜR DIE HÜHNERBRÜHE
- 1 kleines Suppenhuhn (etwa 1 kg)
- 2 Bund Suppengrün
- 1 Zweig Liebstöckel (siehe Zutatentip)
- 1 Zwiebel
- geriebene Muskatnuß
- Salz

FÜR DIE NOCKERL
- 4 EL weiche Butter
- 2 Eier
- 100 g Hartweizengrieß

AUSSERDEM
- 2 EL feingehackte Petersilie

ZUTATENTIP
Liebstöckel (Maggikraut) am besten vorsichtig dosieren, da er ein ausgeprägtes scharfpfefferiges Aroma hat.

1 Das Huhn innen und außen waschen. In einem Topf mit kaltem Wasser bedeckt zum Kochen bringen. Inzwischen das Suppengrün waschen, putzen und grob zerkleinern. Den Liebstöckel abbrausen. Die Zwiebel schälen. Alles zum Huhn geben. Sobald das Wasser kocht, die Hitze reduzieren. Mit Muskat und Salz würzen. Zugedeckt bei schwacher Hitze 2 Stunden köcheln lassen.

2 Das Huhn herausnehmen. Das Fleisch von den Knochen lösen und aufbewahren (siehe Serviertip). Die Brühe durch ein Sieb gießen und über Nacht erkalten lassen. Dann das Fett mit einem Löffel abschöpfen.

3 Die Butter mit den Eiern schaumig rühren. Den Grieß untermischen. Mit Muskat und Salz kräftig würzen. 10 Minuten quellen lassen. Salzwasser zum Kochen bringen

4 Von der Grießmasse mit zwei nassen Eßlöffeln Nockerl abstechen. Im siedenden Salzwasser 15 Minuten gar ziehen lassen. Die Hühnerbrühe erhitzen. Die fertigen Nockerl herausnehmen und in die Brühe geben. Die Grießnockerlsuppe mit der feingehackten Petersilie bestreuen und sofort servieren.

Schritt 3

Schritt 4

Schritt 4

Zubereiten **45** Min. Kühlen **12** Std.
Garen **2** Std. **15** Min.
Pro Portion: 580 kcal/2427 kJ; 50 g EW; 22 g F; 46 g KH

TYPISCH ÖSTERREICHISCH
Geselligkeit pflegen, die herrliche Landschaft genießen und dabei gut essen. Die Österreicher verfügen über eine Vielzahl von traditionellen Gerichten. Berühmt sind vor allem die Mehlspeisen. Aber auch Herzhaftes, wie die Grießnockerlsuppe, zählen zu den international bekannten österreichischen Spezialitäten.

Kochtip

Grießnockerl gelingen am besten, wenn alle Zutaten Zimmertemperatur haben. Damit die Butter-Eier-Masse nicht gerinnt, die Butter vor dem Zugeben der Eier schaumig rühren. Dann die Masse im Kühlschrank etwa 2 Stunden kalt stellen, um ein Auseinanderfallen der Nockerl beim Gar-Ziehen-Lassen zu verhindern.

Serviertip

Reichen Sie das Hühnerfleisch als Hauptgang nach der Suppe. Das Fleisch dafür in Würfel schneiden. Mit Zuckerschoten, Kohlrabistückchen und Tomatenwürfeln anrichten. Als Dressing eine Senfsauce mit einigen Spritzern Limettensaft anbieten.

Badische Flädlesuppe

Deutschland

Eine Leibspeise der Badener ist diese Suppe, für die hauchdünn gebackene Pfannkuchen, die »Flädle« eben, aufgerollt, in Streifen geschnitten und in eine kräftige Brühe gelegt werden.

ZUTATEN

(Für 4 Portionen)

FÜR DIE FLEISCHBRÜHE

- 3-4 Markknochen
- 750 g Rindfleisch (siehe Zutatentip)
- 2 Bund Suppengrün
- 1 Zwiebel
- 1 Lorbeerblatt, 1 Nelke
- Salz, schwarzer Pfeffer
- 4 schwarze Pfefferkörner

FÜR DIE FLÄDLE

- 3 EL Butter
- 100 g Mehl
- 2 Eier
- ⅛ l Milch

AUSSERDEM

- Butter zum Ausbacken
- 2 EL Schnittlauchröllchen

Zutatentip

Rindfleisch aus der Hochrippe wird besonders zart. Genausogut eignet sich aber auch ein Stück Rinderbrust.

1 Die Markknochen und das Fleisch kalt abbrausen und in einem Topf mit kaltem Wasser bedeckt erhitzen. Das Suppengrün waschen, putzen und kleinschneiden. Die Zwiebel schälen, halbieren und in einer Pfanne mit den Schnittflächen nach unten ohne Fett goldbraun anbraten. Das Lorbeerblatt und die Nelke an einer Zwiebelhälfte feststecken. Sobald das Wasser kocht, alles zum Fleisch geben. Die Hitze reduzieren. Mit Salz, Pfeffer und den Pfefferkörnern würzen. Zugedeckt 2 Stunden 30 Minuten köcheln lassen.

Schritt 1

2 Das Fleisch herausnehmen und aufbewahren (siehe Serviertip). Die Brühe durch ein Sieb gießen. Über Nacht erkalten lassen. Das Fett mit einem Löffel abschöpfen.

Schritt 3

3 Die Butter zerlassen. Das Mehl mit den Eiern verquirlen. Dann die Milch und die flüssige Butter unterrühren, salzen und den Teig etwa 10 Minuten quellen lassen.

Schritt 4

4 In einer Pfanne etwas Butter erhitzen. Nacheinander 4-6 goldgelbe dünne Pfannkuchen backen. Abkühlen lassen, aufrollen und in feine Streifen schneiden. Die Brühe erhitzen und die Streifen darin erwärmen. Mit Schnittlauch bestreut servieren.

Zubereiten **45** Min. Quellen **10** Min.
Garen **2** Std. **30** Min.
Kühlen **12** Std.
Pro Portion: 305 kcal/1277 kJ; 16 g EW; 17 g F; 22 g KH

Typisch badisch

Im sonnenverwöhnten Baden gibt es zahllose Weinberge mit den unterschiedlichsten Rebsorten. Aus den grünen und roten Weinbeeren keltern die Badener die herrlichsten Weine. Sie werden als »Schoppen« zu den kulinarischen Spezialitäten dieser Region serviert. Die beliebte Flädlesuppe ist eine von ihnen.

Kochtip

Fleischbrühe läßt sich am besten entfetten, wenn man sie über Nacht in den Kühlschrank stellt. Das erstarrte Fett am nächsten Tag mit einem Eßlöffel einfach abheben. Soll die Brühe noch am gleichen Tag verwendet werden, die Brühe etwas abkühlen lassen und das flüssige Fett mit Küchenpapier aufsaugen.

Serviertip

Reichen Sie das Fleisch als Hauptgang nach der Suppe. Dafür das Fleisch in etwas Brühe erhitzen und in dünne Scheiben schneiden. Mit Salzkartoffeln, halbierten Möhren und einer Meerrettichsauce auf einem Teller anrichten. Vor dem Servieren mit Schnittlauchröllchen bestreuen.

LEICHTE KARTOFFELSUPPE

DEUTSCHLAND

Diese Variante der klassischen Kartoffelsuppe kommt ohne Speck und Würstchen aus. Majoran verleiht ihr das charakteristische herb-würzige Aroma, Sahne macht sie samtig-fein.

ZUTATEN

(Für 4 Portionen)

- 800 g mehligkochende Kartoffeln (siehe Kochtip)
- 1 Zwiebel
- 1 EL Butter
- ½ TL getrockneter Majoran (siehe Zutatentip)
- 800 ml Gemüsebrühe
- ½ Bund Petersilie
- 1 Knoblauchzehe
- 200 g Schlagsahne
- Salz, weißer Pfeffer

ZUTATENTIP

Anstelle von getrocknetem Majoran können Sie auch ¼ TL frische Majoranblättchen verwenden. Sie erhalten ihn im Bund oder im Töpfchen auf Wochenmärkten sowie in Obst- und Gemüseläden.

1 Die Kartoffeln und die Zwiebel schälen. Die Kartoffeln in grobe, die Zwiebel in feine Würfel schneiden. Die Butter erhitzen. Die Zwiebel darin glasig werden lassen. Dann die Kartoffeln und den Majoran dazugeben und kurz mitdünsten. Die Gemüsebrühe angießen. Alles etwa 20 Minuten bei mittlerer Hitze köcheln lassen.

Schritt 1

2 Die Petersilie mit kaltem Wasser abbrausen und trockenschütteln. Einige Petersilienblätter beiseite legen. Die restlichen Blätter fein hacken. Den Knoblauch schälen.

Schritt 3

3 Aus der Suppe mit einem Schaumlöffel einige Kartoffelwürfel herausnehmen und beiseite stellen. Die übrigen Kartoffelwürfel in der Brühe mit einem Stabmixer pürieren. Die feingehackte Petersilie und die Sahne darunterrühren. Den Knoblauch dazupressen. Die Suppe mit Salz und Pfeffer abschmecken.

4 Die beiseite gestellten Kartoffelwürfel zurück in den Topf geben. Dann die Suppe nochmals kurz erhitzen. In vorgewärmte Teller geben und mit der Petersilie bestreuen.

Schritt 4

Zubereiten **45** Min. Garen **15** Min.
Pro Portion: 410 kcal/1715 kJ;
12 g EW; 23 g F; 38 g KH

TYPISCH DEUTSCH

Die Kartoffel, eines unserer wichtigsten Nahrungsmittel, ist vom Ursprung her alles andere als typisch deutsch: Sie stammt aus den Hochländern der Anden, von wo aus spanische Eroberer sie nach Europa brachten. Richtig ist aber, daß es in Deutschland eine phantastische Vielfalt von Kartoffelsorten und -rezepten gibt.

Kochtip

Für Suppen sollten Sie unbedingt mehligkochende Kartoffeln verwenden. Durch ihren hohen Stärkeanteil springen sie beim Kochen stärker auf, kochen locker, sind trockener und grobkörniger als festkochende oder vorwiegend festkochende Sorten. Diese Eigenschaften sorgen in der Suppe für die nötige Bindung.

Serviertip

Nach dieser leichten Suppe bieten sich als sättigendes Dessert in Butterschmalz ausgebackene und mit etwas Puderzucker bestäubte Küchlein mit Rhabarber-Kompott an. Je nach Jahreszeit können Sie auch ein Kompott aus Beerenobst oder Zwetschgen dazu reichen.

SERVIERTIP Reichen Sie zu dieser Suppe dunkles Vollkornbrot, dünn mit gesalzener Butter bestrichen und mit Dillspitzen bestreut. So wird aus dieser leichten Suppe im Handumdrehen eine Hauptmahlzeit.

FEINE KRABBENSUPPE

NORWEGEN

Mit dieser norwegischen Suppe können Sie jedem Liebhaber von Fisch & Co. eine Freude bereiten. Thymian, Weißwein und Knoblauch sorgen für das besondere Geschmackserlebnis.

ZUTATEN
(Für 4 Portionen)

- 1 Zwiebel
- 1 Möhre
- 1 Stange Lauch
- 3 Stangen Sellerie
- 4 schwarze Pfefferkörner
- 500 g Fischkarkassen (z.B. von Steinbutt und Seezunge, siehe Zutatentip)
- ½ l trockener Weißwein
- 1 l Gemüsebrühe
- einige Zweige Thymian und krause Petersilie
- 2 Knoblauchzehen
- 2 Eigelbe
- 100 g Schlagsahne
- 300 g Nordseekrabben
- Salz, weißer Pfeffer

AUSSERDEM

- 2 EL Dillspitzen

ZUTATENTIP

Fischkarkassen (z.B. Köpfe und Schwänze) erhalten Sie in Fischfachgeschäften.

1 Die Zwiebel schälen und halbieren. In einer Pfanne mit den Schnittflächen nach unten ohne Zugabe von Fett goldbraun rösten, beiseite stellen. Die Möhre waschen, schälen und in Würfel schneiden. Die Lauchstange längs aufschneiden, abbrausen und grob zerkleinern. Den Sellerie waschen und würfeln. Die Pefferkörner zerdrücken.

Schritt 1

2 Die Fischkarkassen kalt abbrausen. Mit dem Gemüse und den Pfefferkörnern in einen Topf geben. Den Weißwein und die Gemüsebrühe angießen. Alles zum Kochen bringen. Den Thymian und die Petersilie kurz abbrausen und hinzufügen. Den Knoblauch schälen und dazugeben. Im offenen Topf bei schwacher Hitze 20 Minuten köcheln lassen.

Schritt 2

3 Die Brühe durch ein Sieb gießen. Dann bei starker Hitze etwa um ein Drittel einkochen lassen. Die Eigelbe mit der Sahne verquirlen und in die heiße Brühe rühren. Die Krabben kurz mit kaltem Wasser abbrausen und hinzufügen. Die Suppe kurz erwärmen, aber nicht mehr kochen lassen. Mit Salz und Pfeffer abschmecken. Die Krabbensuppe in Teller geben und mit dem Dill bestreuen.

Schritt 3

Zubereiten **35** Min. Garen **30** Min.
Pro Portion: 420 kcal/1758 kJ; 42 g EW; 24 g F; 9 g KH

TYPISCH NORWEGISCH

Norwegen gehört zu den größten Fischfangnationen Europas. Bei einer Küstenlinie von rund 28 000 Kilometern, einschließlich Buchten und Fjorden, ist das kein Wunder. Traditionell werden in Norwegen Fische gesalzen und dann getrocknet, damit sie länger haltbar sind.

DÄNISCHE BIER-INGWER-SUPPE

DÄNEMARK

Anstelle eines klassischen Fonds nehmen die Dänen für diese ungewöhnliche Suppe süßliches Malzbier als Grundlage. Mit Ingwer und Zimt gewürzt ein wahres Geschmackserlebnis!

ZUTATEN
(Für 4 Portionen)

- 3 Scheiben Schwarzbrot (siehe Kochtip)
- ein kleines Stück frische Ingwerwurzel
- 3 EL Butter
- 1 EL Mehl
- 1 l Malzbier (siehe Zutatentip)
- ½ Zimtstange
- 2 EL Zucker
- 1 Eigelb
- 1 EL Rum
- abgeriebene Schale von ½ unbehandelten Zitrone
- 100 g Schlagsahne
- Salz

ZUTATENTIP
Verwenden Sie für diese Suppe ausschließlich Malzbier. Alkoholhaltiges dunkles Bier setzt beim Kochen unerwünschte Bitterstoffe frei.

1 Das Schwarzbrot in Würfel schneiden. Den Ingwer schälen und fein hacken. Die Butter in einem Topf erhitzen und die Brotwürfel darin goldbraun rösten. Das Mehl darüberstäuben und kurz anschwitzen.

2 Das Bier unter Rühren dazugießen. Den Ingwer und die Zimtstange hinzufügen. Die Suppe zugedeckt bei mittlerer Hitze etwa 10 Minuten köcheln lassen.

3 Die Zimtstange aus der Suppe nehmen. Die Biersuppe mit dem Stabmixer fein pürieren. Den Zucker mit dem Eigelb, dem Rum und der Zitronenschale schaumig rühren. Die Zucker-Eigelb-Masse unter die Suppe rühren. Dann kurz ziehen, aber nicht mehr kochen lassen, damit das Eigelb nicht gerinnt.

4 Die Sahne steif schlagen. Dann die Suppe mit Salz abschmecken. In vorgewärmte Suppenschalen geben und mit einem Klecks steif geschlagener Sahne servieren.

Schritt 1

Schritt 2

Schritt 3

Zubereiten 30 Min.
Pro Portion: 330 kcal/1381 kJ; 5 g EW; 16 g F; 41 g KH

TYPISCH DÄNISCH
Die Tradition des Bierbrauens hat in Dänemark ihre Wurzeln bei den Wikingern. Mönche führten zu ihrer Zeit den Hopfen ein, das dem Bier mehr Geschmack verlieh und Met aus der Mode brachte. Neben den großen, weltbekannten Brauereien, gibt es auch noch heute eine Vielzahl an kleinen lokalen Sudhäusern.

Kochtip

- Die Suppe sollte ziemlich dickflüssig sein. Deshalb benötigen Sie ausreichend Brot zum Binden. Bei kleinen Brotscheiben müssen Sie einfach die angegebene Brotmenge im Rezept verdoppeln.
- Wenn Sie diese Suppe kleinen Kindern servieren, dann sollten Sie die Biersuppe ohne Rum zubereiten.

Serviertip

Als Hauptgericht nach dieser Suppe paßt am besten frischer Matjes. Die Fische dekorativ auf einer großen Platte mit Apfelspalten, milden Zwiebelringen, saurer Sahne und krauser Petersilie anrichten. Dazu kräftigen Pumpernickel oder Schwarzbrot reichen.

Klößchensuppen 3 x anders

Mal kräftig und mit Biß, mal zart und fein im Geschmack – Klößchen in einer Suppe sind immer ein echter Hit.

Leberknödelsuppe

Zubereiten **40** Min. Garen **20** Min.

Deutschland

(Für 4 Portionen)

- 2 altbackene Brötchen
- 200 g Rinderleber
- 30 g fetter Speck
- 1 Zwiebel
- ½ Bund glatte Petersilie
- 1 EL Butter
- ½ TL getrockneter Majoran
- 1 Ei
- 2 EL Semmelbrösel
- Salz, schwarzer Pfeffer
- 2 l Fleischbrühe

1 Die Brötchen fein würfeln und mit lauwarmem Wasser bedeckt einweichen lassen.

2 Die Rinderleber von Adern und Sehnen befreien. Den Speck ohne Schwarte fein würfeln. Beides mit dem Stabmixer pürieren.

3 Die Zwiebel schälen, fein hacken. Die Petersilie abbrausen, trockenschütteln, ohne grobe Stiele fein hacken. Die Butter in einer Pfanne zerlassen. Die Zwiebel und die Hälfte der Petersilie darin andünsten.

4 Die Brötchen ausdrücken. Mit der Leber-Masse, dem Majoran, dem Ei, der Zwiebel-Petersilien-Mischung und den Semmelbröseln vermischen. Mit Salz und Pfeffer würzen.

5 Die Fleischbrühe zum Kochen bringen. Aus dem Teig mit nassen Händen kleine Knödel formen. In der heißen Brühe 15-20 Minuten gar ziehen lassen. Die restliche Petersilie darüberstreuen.

Speckknödel

Zubereiten **25** Min.

Österreich

(Für 4 Portionen)

- 200 g altbackene Brötchen
- ¼ l Milch
- 150 g magerer geräucherter Speck
- 1 Zwiebel
- 1 EL Butter
- 2 EL Schnittlauchröllchen
- 2 Eier
- 1-2 EL Mehl
- Salz, weißer Pfeffer
- 2 l Rinderbrühe

1 Die Brötchen würfeln. Die Milch langsam erwärmen. Die Brötchen darin einweichen.

2 Den Speck ohne Schwarte fein würfeln. Die Zwiebel schälen und fein hacken. Die

SUPPE

Garen **20** Min.

Butter zerlassen. Die Speckwürfel darin goldbraun anbraten. Herausnehmen und beiseite stellen. Die Zwiebel im Speckfett glasig werden lassen. Dann ebenfalls beiseite stellen.

3 Die Brötchen gut ausdrücken. Mit dem Speck, der Zwiebel, 1 EL Schnittlauchröllchen und den Eiern vermischen. So viel Mehl hinzufügen, daß ein gut formbarer Teig entsteht. Mit Salz und Pfeffer kräftig würzen.

4 Die Rinderbrühe erhitzen. Aus dem Teig Klößchen formen. In der heißen Brühe etwa 20 Minuten gar ziehen lassen. Mit Schnittlauchröllchen bestreut servieren.

FISCHKLÖSSCHENSUPPE

Zubereiten **35** Min. Kühlen **1** Std. Garen **10** Min.

RUSSLAND

(FÜR 4 PORTIONEN)

- **200 ml Milch**
- **1 altbackenes Brötchen**
- **1 kleine Zwiebel**
- **1 EL Butter**
- **300 g Fischfilet (z. B. von Hecht oder Zander)**
- **2 EL Dillspitzen**
- **1 Eiweiß**
- **Salz, weißer Pfeffer**
- **geriebene Muskatnuß**

FÜR DIE BRÜHE

- **4 Möhren**
- **1 ½ l Fischfond**

1 Die Milch langsam erwärmen. Das Brötchen würfeln. Dann mit der Milch begießen und einweichen lassen.

2 Die Zwiebel schälen und fein hacken. Die Butter erhitzen. Die Zwiebel darin glasig werden lassen. Zusammen mit dem Fischfilet im Mixer pürieren. Dann die Masse durch ein Haarsieb streichen.

3 Das Brötchen ausdrücken. Mit der Fischfarce, 1 EL Dillspitzen und dem Eiweiß vermischen. Mit Salz, Pfeffer und Muskat würzen. Zugedeckt etwa 1 Stunde kühl stellen.

4 Die Möhren waschen, schälen und in dünne Scheiben schneiden. Den Fischfond erhitzen. Die Möhren darin etwa 10 Minuten garen.

5 Aus der Fischmasse mit einem Eßlöffel Nocken abstechen. In die Fisch-Möhren-Brühe geben und etwa 10 Minuten gar ziehen lassen. Mit den restlichen Dillspitzen bestreuen und heiß servieren.

TRAUBEN-MANDEL-SUPPE

SPANIEN

ZUTATEN

(Für 4 Portionen)

- 3 Scheiben altbackenes Weißbrot
- 100 g Mandeln
- 3 Knoblauchzehen
- 3 EL Olivenöl
- 1 EL Weißweinessig
- Salz, weißer Pfeffer
- 200 g helle Trauben (z. B. Muskateller-Trauben; siehe Zutatentip)

ZUTATENTIP

Muskateller-Trauben sind typisch für diese Suppe und bei uns am häufigsten zu bekommen. Sie können auch kernlose Trauben verwenden. Damit umgehen Sie das zeitraubende Entkernen der einzelnen Weinbeeren.

Diese originelle kalte Suppe aus Spanien schmeckt an heißen Sommertagen besonders erfrischend. Ungewöhnlich ist die Kombination von Brot, Mandeln, Knoblauch und Trauben.

1 Das Weißbrot entrinden, dann in kleine Würfel schneiden. Die Brotwürfel in eine Schüssel geben und mit lauwarmem Wasser knapp bedecken. Zugedeckt etwa 10 Minuten einweichen lassen.

Schritt 2

2 Inzwischen Wasser zum Kochen bringen. Die Mandeln damit überbrühen und kurz darin ziehen lassen. Dann mit kaltem Wasser gründlich abbrausen. Die Mandeln zwischen Daumen und Zeigefinger aus den Häuten drücken (siehe Kochtip).

Schritt 3

3 Das Brot ausdrücken. Den Knoblauch schälen und mit den Mandeln und dem Brot im Mixer fein pürieren. Die Masse mit dem Olivenöl und dem Essig vermengen, ¾ l Wasser unterrühren. Die Suppe mit Salz und Pfeffer würzen. Zugedeckt mindestens 1 Stunde in den Kühlschrank stellen.

Schritt 4

4 Die Trauben unter lauwarmem Wasser abwaschen. Dann die Beeren von den Stielen zupfen, häuten, halbieren und entkernen. Die Suppe aus dem Kühlschrank nehmen und gut durchrühren. In Suppenteller geben, die Traubenhälften darauf verteilen und weißen Pfeffer darübermahlen.

Zubereiten **30** Min. Kühlen **1** Std.
Pro Portion: 315 kcal/1319 kJ;
7 g EW; 23 g F; 20 g KH

TYPISCH SPANISCH

Blühende Mandelbäume lassen zu Beginn des Frühjahrs manchen ansonsten kargen spanischen Landstrich fast lieblich erscheinen. Die reichliche Verwendung von Mandeln in süßen wie in herzhaften Gerichten ist Erbe der Mauren, die Spanien in ihrer Jahrhunderte währenden Herrschaft auch kulinarisch prägten.

Kochtip

- Ein besonders feines Aroma bekommt die Suppe, wenn Sie die Mandeln nach dem Häuten in einer Pfanne ohne Fett goldgelb rösten, bis sie duften.
- Die Suppe läßt sich sehr gut vorbereiten und über Nacht durchkühlen. Fehlt dazu einmal die Zeit, die Suppe einfach in Eiswürfel gebettet auskühlen lassen.

Serviertip

Eisgekühlt schmeckt die Suppe am besten mit »Tapas«, kleinen spanischen Vorspeisen. Zu empfehlen sind mit Mandeln gefüllte Oliven, Chorizoscheiben, Manchego-Käse und gesalzene Mandeln. Dazu paßt ein trockener Sherry (Fino oder Amontillado).

SPANISCHE KNOBLAUCHSUPPE

SPANIEN

Beim Kochen liegt die Kunst häufig in der Besinnung auf die einfachen Zutaten, wie diese rustikale Knoblauchsuppe aus dem heißen Süden Spaniens beweist – ofenfrisch ein Genuß!

ZUTATEN
(Für 4 Portionen)

- 6 Knoblauchzehen (siehe Zutatentip)
- 4 Scheiben altbackenes Weißbrot
- 6 EL Olivenöl
- 1 EL edelsüßes Paprikapulver
- 1 l Fleischbrühe
- Salz
- 4 Eier

ZUTATENTIP
Frischen Knoblauch bekommen Sie im Frühjahr und im Sommer bei Ihrem Gemüsehändler. Die Suppe schmeckt mit ihm besonders mild und aromatisch, denn die jungen, frischen Zehen sind noch nicht so scharf wie die von älteren Knoblauchknollen.

1 Die Knoblauchzehen schälen und durch die Presse drücken. Das Weißbrot entrinden und dann in Würfel schneiden.

Schritt 1

2 Das Olivenöl in einem Topf erhitzen. Den Knoblauch darin bei schwacher Hitze unter Rühren glasig werden lassen. Die Weißbrotwürfel dazugeben und goldbraun rösten.

Schritt 2

3 Mit dem Paprikapulver bestreuen und mit der Fleischbrühe ablöschen. Die Suppe mit Salz abschmecken. Zugedeckt bei schwacher Hitze etwa 10 Minuten köcheln lassen.

4 Den Backofen auf 225 °C vorheizen. Inzwischen die Suppentassen vorwärmen und die heiße Knoblauchbrühe hineingeben. Die Eier aufschlagen und einzeln in die Suppentassen gleiten lassen. Im Ofen (Gas 4; Umluft 200 °C) etwa 4 Minuten überbacken (siehe Kochtip). Die Suppe heiß servieren.

Schritt 4

Zubereiten **30** Min.
Pro Portion: 430 kcal/1800 kJ; 18 g EW; 32 g F; 17 g KH

TYPISCH SPANISCH
Spanische Küche ohne Knoblauch? Undenkbar! Knoblauchsuppe wird in ganz Spanien in den unterschiedlichsten Varianten gegessen. In der klassischen Form wird sie nur mit Wasser zubereitet. Mehr Geschmack erhält sie durch Zugabe von Fleischbrühe oder in feine Streifen geschnittenem Schinken, wie »jamón ibérico«.

Kochtip

Statt die Suppe im Backofen zu überbacken, können Sie sie auch wie folgt zubereiten: Die Eier mit einer Gabel verquirlen. Die Suppe von der heißen Herdplatte nehmen und erst dann die Eier unterrühren, damit diese nicht gerinnen. Die Knoblauchsuppe nochmals abschmecken und in vorgewärmten Tassen servieren.

Serviertip

Zur würzigen, knoblauchscharfen Suppe paßt ausgezeichnet ein milder luftgetrockneter Serranoschinken, hauchdünn aufgeschnitten und auf knusprigem Bauernbrot angerichtet. Trinken Sie dazu einen Rioja, den samtig roten Wein aus dem Norden Spaniens.

Provenzalische Spargelsuppe

FRANKREICH

Liebhaber der edlen Stangen werden für diese Suppe aus Spargel, frischem Kerbel und Crème fraîche schwärmen. Besonders im Süden des Landes beliebt: der grüne Spargel.

ZUTATEN

(Für 4 Portionen)

- 500 g grüner Spargel
- 1 EL Butter
- 150 g Crème fraîche
- ¾ l Gemüsebrühe
- Salz, schwarzer Pfeffer
- geriebene Muskatnuß
- 1 Bund Kerbel (siehe Zutatentip)
- 1 El Zitronensaft

ZUTATENTIP

Kerbel wird vor allem in Südfrankreich in recht großem Umfang angebaut und in Töpfchen bei uns angeboten, da er schnell welkt. Sie können ihn jedoch auch ganz leicht selber ziehen. Wenn Sie keinen Kerbel bekommen, können Sie auch Kresse oder glatte Petersilie verwenden.

1 Vom Spargel die Spitzen abschneiden und beiseite legen. Die Spargelstangen, nur wenn nötig, im unteren Drittel schälen (siehe Kochtip). Die Enden abschneiden. Dann die Stangen in Stücke schneiden.

Schritt 1

2 Die Butter in einem Topf erhitzen. Die Spargelstücke darin etwa 5 Minuten andünsten. Die Crème fraîche hinzufügen und die Gemüsebrühe angießen. Die Suppe mit Salz, Pfeffer und Muskat würzen. Dann alles zugedeckt bei schwacher Hitze etwa 10 Minuten köcheln lassen.

Schritt 2

3 Inzwischen reichlich Salzwasser zum Kochen bringen. Die Spargelspitzen darin in etwa 3 Minuten bißfest garen. Dann herausnehmen, kalt abschrecken und abtropfen lassen. Den Kerbel kurz unter kaltem Wasser abbrausen und trockenschütteln. Die Blättchen abzupfen und fein hacken.

4 Die Suppe mit dem Stabmixer pürieren. Den Kerbel unterrühren. Die Suppe mit Salz, Pfeffer und Zitronensaft abschmecken. Die Spargelspitzen hinzufügen und die Suppe nochmals kurz erhitzen. Sofort heiß servieren.

Schritt 4

Zubereiten **45** Min.

Pro Portion 150 kcal/628 kJ; 5 g EW; 11 g F; 7g KH

TYPISCH FRANZÖSISCH

Im Frühsommer locken die Marktstände in Frankreich mit einem reichen Angebot an frischem Spargel. Anders als bei uns sind die schneeweißen Stangen nicht unbedingt die begehrtesten. Die Franzosen mögen Spargel, der schon ein wenig Sonne erwischt hat und lila angehaucht oder gleich ganz grün ist.

Kochtip

Grüner Spargel muß im Gegensatz zu weißem kaum geschält werden. Zudem ist er schneller gar. Für alle Sorten gilt: Das Spargelaroma entfaltet sich besser, wenn Sie neben Salz auch etwas Zucker und Butter ins Kochwasser geben. Damit die Farbe von grünem Spargel erhalten bleibt, etwas Zitronensaft hinzufügen.

Serviertip

Mit Beginn der Spargelzeit gibt es gleichzeitig die ersten Erdbeeren zu kaufen. Deshalb: Frische Erdbeeren mit Minze-Sahne-Sauce als Dessert reichen. Für die Sauce Sahne mit Zucker süßen, steif schlagen und einige feingehackte Minzeblättchen unterrühren.

FRUCHTIGE MÖHRENSUPPE

FRANKREICH

Zarte Möhren und saftige Orangen sind eine vitaminreiche Komposition voll Geschmack und Harmonie – ein gelungener Auftakt für ein südfranzösisches Menü mit lieben Freunden.

ZUTATEN
(Für 4 Portionen)

- 750 g Möhren
- 3 Schalotten
- 1 EL Olivenöl
- ½ l Gemüsebrühe
- Salz
- 1 Prise Cayennepfeffer
- 1 TL Zucker
- 2 unbehandelte Orangen (siehe Zutatentip)

AUSSERDEM

- 200 g Crème fraîche

ZUTATENTIP

Für diese Suppe eignen sich hervorragend Blutorangen, die es bei uns von Dezember bis etwa April gibt. Sie haben ein kräftiges, leicht herbes Aroma. Sonst verwenden Sie am besten saftige Navel-Orangen, die normalerweise das ganze Jahr erhältlich sind.

1 Die Möhren waschen, schälen und in dünne Scheiben schneiden. Die Schalotten schälen und fein würfeln. Das Olivenöl in einem Topf erhitzen und die Schalotten darin glasig werden lassen. Die Möhren hinzufügen und kurz mitdünsten.

2 Die Gemüsebrühe angießen und mit Salz, Cayennepfeffer und Zucker würzen. Die Suppe zugedeckt bei mittlerer Hitze 20 Minuten köcheln, bis die Möhren weich sind.

3 Inzwischen die Orangen heiß waschen und trockenreiben. Von 1 Orange die Schale mit einem Zestenreißer abziehen. Die Orangen halbieren und den Saft auspressen.

4 Die Suppe mit einem Stabmixer pürieren. 100 ml Orangensaft unterrühren und die Möhrensuppe mit Salz, Cayennepfeffer und Zucker kräftig abschmecken (siehe Kochtip).

5 Die Suppe in Tellern verteilen und je einen Klacks Crème fraîche darauf geben. Dann mit den Orangenschalen bestreuen und nach Belieben mit Cayennepfeffer bestäuben.

Schritt 1

Schritt 3

Schritt 4

Zubereiten **15** Min. Garen **25** Min.
Pro Portion: 245 kcal/1026 kJ;
5 g EW; 15 g F; 22 g KH

TYPISCH SÜDFRANKREICH

Orange heißt die süfdranzösische Stadt, in der dieses Amphitheater aus römischer Zeit steht. Orangen waren bereits damals eine stets willkommene Erfrischung. Ob sich aber auch die Römer bereits zu Augustus' Zeiten an dieser köstlich-fruchtigen Orangen-Möhren-Suppe kulinarisch erfreuten, ist nicht überliefert.

Kochtip

Orangensaft ist je nach Fruchtsorte unterschiedlich sauer. Es empfiehlt sich daher, den Orangensaft eßlöffelweise zur Suppe zu geben und immer wieder abzuschmecken, damit sie nicht allzu säuerlich wird. Falls doch, können Sie die Möhren-Orangen-Suppe mit etwas Zucker einfach noch einmal nachsüßen.

Serviertip

Franzosen essen als Zwischengang einen gemischten Rohkostteller mit verschiedenen Dips und Saucen. Ganz besonders gut passen eine klassische Cocktailsauce, ein Sauerrahm-Kräuter-Dip und ein Dip aus Sahnequark, roter Paprikaschote und frischem Schnittlauch.

SERVIERTIP Eine typisch italienische Käseplatte mit Provolone, Bel Paese, Gorgonzola, Pecorino und Cacio ist genau das richtige nach dieser feinen Suppe. Dazu schmeckt Pizzabrot mit Tomaten und Kräutern.

CAPPELETTI IN GEMÜSEBRÜHE

ITALIEN

Selbstgemachter Nudelteig mit einer delikaten Füllung aus zartem Hähnchenfleisch, Ricotta und Gewürzen, gegart in einer kräftigen Brühe, ist italienische Küche vom Feinsten!

ZUTATEN
(Für 4 Portionen)

- 300 g Mehl
- ½ TL Salz
- 3 Eier

FÜR DIE FÜLLUNG

- 2 l Gemüsebrühe
- 200 g Hähnchenbrustfilet
- 150 g Ricotta (siehe Zutatentip)
- 4 EL geriebener Parmesan
- 1 Ei
- Salz, schwarzer Pfeffer
- geriebene Muskatnuß
- abgeriebene Schale von ½ unbehandelten Zitrone

AUSSERDEM

- Mehl zum Bearbeiten
- 2-3 Möhren
- 2 EL Schnittlauchröllchen
- 3 EL geriebener Parmesan

ZUTATENTIP

Statt Ricotta können Sie auch Schichtkäse verwenden.

1 Das Mehl und das Salz vermischen. Die Eier dazugeben und alles zu einem glatten Teig verkneten. Zugedeckt an einem warmen Ort etwa 30 Minuten ruhen lassen.

2 Die Brühe zum Kochen bringen. Das Hähnchenbrustfilet kalt abbrausen, in die heiße, aber nicht kochende Brühe geben und etwa 20 Minuten ziehen lassen. Das Fleisch herausnehmen und grob zerkleinern. Ricotta, Parmesan und Ei dazugeben. Alles mit dem Stabmixer pürieren. Dann mit Salz, Pfeffer, Muskatnuß und Zitronenschale würzen.

3 Den Teig halbieren. Jede Hälfte auf Mehl dünn zu einem Rechteck (9 x 15 cm) ausrollen. Im Abstand von 3 cm jeweils einen Teelöffel Füllung auf eine Teigplatte setzen. Die zweite Teigplatte darüberlegen. Dann mit einem Teigrädchen Quadrate ausschneiden.

4 Von den Teigquadraten drei Ecken nach oben biegen und zusammendrücken. Die Möhren waschen, schälen und in Scheiben schneiden. Die Brühe wieder zum Kochen bringen. Die Möhren und die Cappeletti darin bei mittlerer Hitze etwa 20 Minuten ziehen lassen. Die Suppe mit dem Schnittlauch bestreut servieren. Den Parmesan dazu reichen.

Schritt 3

Schritt 3

Schritt 4

Zubereiten **35** Min. Garen **40** Min.
Pro Portion: 580 kcal/2428 kJ;
33 g EW; 23 g F; 60 g KH

TYPISCH ITALIENISCH

Bei azurblauem Himmel unter schattigen Arkaden sitzen und lecker gefüllte Pasta in Brodo (Nudeln in Brühe) verspeisen – gibt es eine angenehmere Art, seinen Hunger zu stillen? Nirgendwo ist die hohe Kunst der Nudelzubereitung so entwickelt wie in Bella Italia.

APULISCHE BOHNENSUPPE

ITALIEN

Lassen Sie sich von dem intensiven Duft südlicher Kräuter verzaubern. Kräftiger Thymian und würziger Salbei verleihen dieser Bohnensuppe einen sommerlich-frischen Geschmack.

ZUTATEN
(Für 4 Portionen)

- 200 g getrocknete weiße Bohnen
- Salz
- 8 Salbeiblätter
- 2 Knoblauchzehen
- 3 feste Tomaten (siehe Zutatentip)
- 3 EL Olivenöl
- ½ TL getrockneter Thymian
- 100 g kleine Nudeln (z. B. Conchigliette)
- schwarzer Pfeffer

ZUTATENTIP
Wenn Sie die Suppe außerhalb der Tomatensaison kochen möchten, können Sie geschälte Tomaten oder Pizza-Tomaten aus der Dose verwenden. Sie sind wesentlich aromatischer als die bei uns im Winter frisch erhältlichen Tomatensorten.

1 Die Bohnen in eine Schüssel geben, mit reichlich Wasser bedecken und über Nacht einweichen. Dann abgießen, mit 2 l Wasser in einen Topf geben, salzen und zum Kochen bringen. Zugedeckt bei mittlerer Hitze etwa 45 Minuten garen, bis sie weich sind (siehe Kochtip). Dann das Kochwasser bis auf einen kleinen Rest abgießen. Eine Hälfte der Bohnen herausnehmen und beiseite stellen. Die andere Hälfte mit dem Stabmixer pürieren.

Schritt 1

2 Den Salbei abbrausen, trockenschütteln und in feine Streifen schneiden. Den Knoblauch schälen und fein hacken. Die Tomaten blanchieren, enthäuten und würfeln, dabei den Stielansatz entfernen.

Schritt 3

3 Das Öl erhitzen und den Knoblauch darin glasig werden lassen. Salbei, Thymian und pürierte Bohnen hinzufügen. 1 l kaltes Wasser angießen und alles aufkochen lassen.

Schritt 3

4 Die ganzen Bohnen und die Tomatenwürfel unterrühren. Die Nudeln in die kochende Suppe geben und nach Packungsanleitung gar kochen. Die Suppe mit Salz und Pfeffer abschmecken. Heiß servieren.

Einweichen **12** Std.
Zubereiten **20** Min. Garen **55** Min.
Pro Portion: 280 kcal/1172 kJ;
13 g EW; 10 g F; 34 g KH

TYPISCH ITALIENISCH
Die italienische Küche bietet je nach Landschafts- und Klimazone ein vielfältiges Angebot an Nahrungsmitteln. Im südlichen Teil Italiens kocht man besonders gerne deftige Gerichte mit getrockneten Hülsenfrüchten. Die Bohnensuppe mit Tomaten und Kräutern aus der Region Apulien ist ein schönes Beispiel dafür.

Kochtip

Die Garzeit für getrocknete Bohnen schwankt, je nach Alter der Bohnen, ganz erheblich. Sie kann zwischen 30 Minuten und 2 Stunden betragen. Kontrollieren Sie deshalb von Zeit zu Zeit, ob die Bohnen bereits weich sind. Sie sollten sich zwar gut pürieren lassen, dürfen aber auf keinen Fall bereits verkocht sein.

Serviertip

Besonders gut harmonieren zu dieser Bohnensuppe Knoblauchcrostini und ein gemischter Salat mit Pinienkernen. Für die Crostini Olivenöl mit durchgepreßtem Knoblauch mischen, auf Weißbrotscheiben verteilen und im Backofen etwa 5 Minuten rösten.

KALTE GURKENSUPPE AUF GRIECHISCHE ART

GRIECHENLAND

Bei sommerlichen Temperaturen ist diese Suppe ideal: Gut gekühlt, pikant gewürzt, mit Gurke, Joghurt und frischer Minze sorgt sie für Erfrischung und bringt den Kreislauf in Schwung!

ZUTATEN
(Für 4 Portionen)

- 1 große Salatgurke
- 2 Knoblauchzehen
- 1 Zwiebel
- einige Zweige frische Minze
- 400 g griechischer Joghurt (siehe Zutatentip)
- 2 EL Olivenöl
- ¼ l kalte Gemüsebrühe
- Salz, weißer Pfeffer
- 1 kleine gelbe Paprikaschote
- 1 Tomate
- 1 EL Zitronensaft

ZUTATENTIP

Griechischer Joghurt – traditionell aus Schafsmilch – hat mindestens einen Fettgehalt von 10 Prozent. Sie bekommen ihn in gutsortierten Supermärkten. Ersatzweise können Sie je 200 g Joghurt und saure Sahne nehmen.

1 Die Gurke schälen und in kleine Würfel schneiden. Den Knoblauch und die Zwiebel schälen und fein würfeln. Die Minze kurz abbrausen und trockenschütteln. Die Blättchen abzupfen und einige zum Garnieren beiseite legen. Die restlichen Blättchen in Streifen schneiden. Gurke, Knoblauch, Zwiebel, kleingeschnittene Minze, Joghurt und Olivenöl mit dem Stabmixer pürieren.

Schritt 1

2 Die Gemüsebrühe unterrühren. Dann die Suppe mit Salz und Pfeffer würzen. Zugedeckt in den Kühlschrank stellen und mindestens 2 Stunden gut durchkühlen lassen.

Schritt 3

3 Die Paprikaschote halbieren, von Stielansatz sowie Samensträngen befreien und waschen. Dann die Schoten in feine Würfel schneiden (siehe Kochtip). Die Tomaten kurz blanchieren und enthäuten. Dann halbieren, dabei den Stielansatz entfernen, entkernen und ebenfalls in feine Würfel schneiden.

Schritt 3

4 Die Gurkensuppe aus dem Kühlschrank nehmen, gut durchrühren und mit dem Zitronensaft abschmecken. Mit den Paprika- und den Tomatenwürfelchen bestreuen. Mit den Minzeblättchen garniert servieren.

Zubereiten **20** Min. Kühlen **2** Std.
Pro Portion: 200 kcal/837 kJ;
4 g EW; 17 g F; 7 g KH

TYPISCH GRIECHISCH

Intensiv das Blau von Himmel und Meer, blendend das Weiß der Häuser, dazwischen ein wenig Grün. So klar wie die Farben der griechischen Landschaft, so schlicht ist die Küche der Griechen und bietet doch für jeden Moment genau das richtige – wie diese würzig-kühle Joghurtsuppe für heiße Tage.

Kochtip

Rohe Paprikaschoten sind leichter verdaulich, wenn sie geschält werden. Das geht entweder mit dem Sparschäler, aber nur bei festen, glatten Früchten oder durch Häuten. Dafür die Schoten im auf 250 °C vorgeheizten Backofen grillen, bis die Haut Blasen wirft. Unter einem feuchtem Tuch abkühlen lassen, häuten.

Serviertip

Als leichtes Hauptgericht an heißen Sommertagen bietet sich ein Teller mit gemischten griechischen Köstlichkeiten wie gefüllte Weinblätter, Schafskäsewürfel, grüne und schwarze Oliven sowie Taramas, eine Fischrogenpaste, an. Reichen Sie dazu frisches Fladenbrot mit Sesam.

LIBANESISCHE FRÜHLINGSSUPPE MIT KRÄUTERN

LIBANON

Frisch gepalte Bohnen sind eine Delikatesse. Im Libanon werden sie mit Staudensellerie und Lauch in Brühe gegart und mit frischen Kräutern gewürzt. Chili sorgt für leichte Schärfe.

ZUTATEN
(Für 4 Portionen)

- 1 Zwiebel
- 2 Knoblauchzehen
- 2 Stangen Sellerie
- 1 Stange Lauch
- 350 g dicke Bohnen (siehe Zutatentip)
- 1 rote Chilischote
- 1 EL Öl
- 1 ½ l Geflügelbrühe
- Salz, schwarzer Pfeffer
- Saft von ½ Zitrone
- je ½ Bund Minze, Koriander und Petersilie
- ½ Pita-Fladenbrot

ZUTATENTIP

Sollten Sie auf dem Wochenmarkt oder im Gemüsefachhandel keine dicken Bohnen bekommen, nehmen Sie frische grüne Stangenbohnen. Diese waschen, putzen und in 3 cm große Stücke schneiden. Dann weiterverwenden, wie im Rezept beschrieben.

1 Die Zwiebel und den Knoblauch schälen und fein würfeln. Den Sellerie waschen, putzen und in feine Streifen schneiden. Von der Lauchstange die Wurzel und das grüne Ende entfernen. Den Lauch längs aufschneiden und gründlich abbrausen. Die Bohnen enthülsen. Die Chilischote halbieren, von dem Stielansatz sowie den Samensträngen befreien. Die Schotenhälften abbrausen und ebenfalls in feine Streifen schneiden.

Schritt 1

2 Den Backofen auf 200 °C vorheizen. Das Öl in einem Topf erhitzen. Die Zwiebel und den Knoblauch darin glasig werden lassen. Sellerie, Lauch und Chilischote hinzufügen und kurz mitdünsten. Die Geflügelbrühe angießen und alles zum Kochen bringen. Die Bohnenkerne dazugeben. Die Suppe mit Salz, Pfeffer und Zitronensaft würzen. Zugedeckt bei mittlerer Hitze 15 Minuten köcheln lassen (siehe Kochtip).

Schritt 2

3 Die Kräuter kurz abbrausen und trockenschütteln. Dann die Blättchen abzupfen und mit einem Wiegemesser zerkleinern. Das Pitabrot im Ofen (Gas 3; Umluft 180 °C) knusprig aufbacken. Die Kräuter unter die Suppe rühren. Das Brot in Stücke schneiden und die Suppe damit bestreut servieren.

Schritt 3

Zubereiten **35** Min.

Pro Portion: 300 kcal/1255 kJ; 20 g EW; 13 g F; 25 g KH

TYPISCH LIBANESISCH

In bunter Vielfalt locken frische Gemüse und Früchte auf dem Markt von Beirut. Die dicken Bohnen für die Frühlingssuppe gibt es aber auch hier nur kurze Zeit im Jahr frisch. Das Brot zur Suppe backen Libanesinnen häufig noch selbst. Sie benutzen dafür spezielle Lehmöfen – vor allem in ländlichen Gebieten.

Kochtip

Achten Sie beim Kochen der frischen Bohnen auf die Einhaltung der Garzeit von mindestens 15 Minuten. Frische Bohnen enthalten eine gesundheitsschädliche Eiweißverbindung, das Phasin. Vor allem Kinder sind durch den Verzehr roher Bohnen gefährdet! Durch die 15minütige Kochzeit wird das Phasin zerstört.

Serviertip

Servieren Sie Ihrer Familie oder Ihren Gästen als Dessert zu dieser Mahlzeit einen Natur-Joghurt mit Honig und Walnußkernen. Pro Portion sollten Sie mit etwa 150 g Joghurt rechnen. Stellen Sie eine Schale Honig mit auf den Tisch, dann kann jeder beliebig nachsüßen.

Serviertip Ein einfaches, aber typisch arabisches Menü, erhalten Sie, wenn Sie zum Auftakt geschmorte Auberginen mit Zwiebeln servieren und als Dessert frische Datteln oder Feigen reichen.

ORIENTALISCHE LINSENSUPPE MIT ZITRONE

SAUDI-ARABIEN

Alle Wohlgerüche Arabiens steigen aus diesem Suppentopf auf, in dem sich rote Linsen, Tomaten und Knoblauch mit dem überaus markanten Aroma von Kreuzkümmel verbinden.

ZUTATEN
(Für 4 Portionen)

- 250 g rote Linsen
- 100 g Perlgraupen
- 2 Zwiebeln
- 2 Knoblauchzehen
- 3 EL Öl
- 1½ l Rinderbrühe
- ½ TL Anissamen
- 1 Prise gemahlener Kreuzkümmel (siehe Zutatentip)
- schwarzer Pfeffer
- 1 Prise scharfes Paprikapulver
- 2 Fleischtomaten
- Salz
- Saft von ½ Zitrone

ZUTATENTIP
Kreuzkümmel, auch Cumin genannt, erhalten Sie in gutsortierten Supermärkten, in Naturkostläden sowie in asiatischen und arabischen Spezialitätengeschäften.

1 Die Linsen und die Perlgraupen getrennt unter kaltem Wasser gründlich abbrausen und abtropfen lassen. Die Zwiebeln und den Knoblauch schälen und fein würfeln.

2 Das Öl erhitzen. Die Zwiebeln und den Knoblauch darin glasig werden lassen. Die Perlgraupen unterrühren. Die Rinderbrühe angießen. Die Suppe mit Anis, Kreuzkümmel, Pfeffer und Paprika würzen.

3 Zugedeckt bei mittlerer Hitze 15 Minuten köcheln lassen. Dann die Linsen hinzufügen und die Suppe weitere 15 Minuten köcheln lassen, bis die Linsen und die Perlgraupen weich sind.

4 Die Tomaten kurz blanchieren, enthäuten und in kleine Würfel schneiden, dabei den Stielansatz entfernen. 5 Minuten vor Ende der Garzeit die Tomaten unter die Zwiebel-Linsen-Suppe rühren. Dann mit Salz und Zitronensaft kräftig abschmecken.

Schritt 1

Schritt 2

Schritt 4

Zubereiten **50** Min.
Pro Portion: 520 kcal/2177 kJ; 29 g EW; 20 g F; 55 g KH

TYPISCH ARABISCH
In den arabischen Ländern kennt man keine klassische Menüfolge wie in den westlichen Ländern. Deshalb kommen alle Gerichte gleichzeitig auf den Tisch. Jeder nimmt sich von den Speisen, die er gerne möchte. Kaltes und Warmes wird nach- und durcheinander gegessen.

TUNESISCHE SUPPE MIT GRIESS

TUNESIEN

ZUTATEN
(Für 4 Portionen)

- 5 g Trockenhefe
- 125 g Hartweizengrieß
- 2 EL Tomatenmark
- 3 Knoblauchzehen
- 1 ½ EL Olivenöl
- 1 TL gemahlener Kümmel
- 1 TL gemahlener Koriander
- 1 TL Kreuzkümmel
- 1 l Gemüsebrühe
- Salz, weißer Pfeffer
- ½ Bund frische Minze
- 1 EL Kapern (siehe Zutatentip)
- 1 EL Zitronensaft

ZUTATENTIP
Kapern, die grünen, noch geschlossenen Knospen des Kapernstrauchs, werden in Salzlösung, Essig oder Öl eingelegt angeboten. Gute Ware erkennt man an fest geschlossenen, eher kleinen Knospen.

Die Gewürze für diese Suppe sind typisch für den Orient: Kümmel, Koriander und Kreuzkümmel werden – wie bei uns Salz und Pfeffer – hier für die meisten Gerichte verwendet.

1 Am Vorabend die Trockenhefe in 200 ml lauwarmem Wasser auflösen. Das Hefewasser mit 100 g Grieß gut verrühren. Zugedeckt an einem warmen Ort gehen lassen, bis sich das Volumen verdoppelt hat. Danach den restlichen Grieß, das Tomatenmark und 100 ml lauwarmes Wasser unterrühren. Anschließend über Nacht an einem warmen Ort zugedeckt stehen lassen (siehe Kochtip).

Schritt 1

2 Den Knoblauch schälen und fein würfeln. Das Öl in einem großen Topf erhitzen. Den Knoblauch darin glasig werden lassen. Die Gewürze dazugeben und kurz mitdünsten. Die Grießmasse unterrühren, dann die Gemüsebrühe angießen. Die Suppe mit Salz und Pfeffer würzen. Bei mittlerer Hitze etwa 10 Minuten köcheln lassen, dabei die Suppe ab und zu kräftig umrühren.

Schritt 1

3 Die Minze unter kaltem Wasser abbrausen und trockenschütteln. Dann die Blättchen abzupfen und in feine Streifen schneiden. Die Kapern abtropfen lassen und fein hacken. Kurz vor dem Servieren die Suppe mit dem Zitronensaft abschmecken und die Minze und die Kapern unterrühren. Heiß servieren.

Schritt 3

Zubereiten **20** Min. Ruhen **12** Std.

Pro Portion: 185 kcal/775 kJ; 4 g EW; 7 g F; 26 g KH

TYPISCH TUNESISCH
Die Tunesier sind ein sehr gastfreundliches Volk. Besucher, egal ob bekannt oder fremd, werden herzlich und aufs beste bewirtet. Die Küche Nordafrikas bietet hierzu eine vielfältige Auswahl. Sie ist farbenfroh und voll intensiver Gewürze, die den Appetit anregen und die Verdaulichkeit der Speisen unterstützen.

Kochtip

Wenn einmal nicht genug Zeit ist, den Hefegrießteig am Vortag anzusetzen, können Sie diese Suppe auch folgendermaßen zubereiten: Statt Grieß die gleiche Menge Couscous oder Bulgur zu den glasigen Knoblauchzehen geben und kurz mitdünsten, bevor Sie die Gewürze und die Gemüsebrühe hinzufügen.

Serviertip

In Tunesien werden Suppen gerne mit Harissa, einer scharfen Paste, die Sie in türkischen Lebensmittelläden bekommen, gewürzt. Sie können sie auch in einem Mörser aus getrockneten Chilischoten, Knoblauch, Koriander, Kreuzkümmel, Salz, Kümmel und Olivenöl selbst herstellen.

*K*RÄUTERSUPPE 3 x ANDERS

Aus einfachen Zutaten lassen sich mit frischen Kräutern die raffiniertesten Suppen zaubern: Kosten Sie selbst!

CREMIGE SAUERAMPFERSUPPE

Zubereiten **40** Min.

DEUTSCHLAND

(FÜR 4 PORTIONEN)
- **100 g Sauerampfer**
- **2 Schalotten**
- **2 EL Butter**
- **2 EL Mehl**
- **1 l Fleischbrühe**
- **Salz, weißer Pfeffer**
- **geriebene Muskatnuß**
- **2 Eigelbe**
- **100 g Schlagsahne**
- **Kerbel zum Garnieren**

1 Den Sauerampfer abbrausen, trockenschütteln und fein hacken. Die Schalotten schälen und würfeln.

2 Die Butter in einem Topf zerlassen. Die Schalotten darin glasig werden lassen. Das Mehl darüberstäuben und hellgelb anschwitzen. Die Fleischbrühe angießen. Dann den Sauerampfer dazugeben.

3 Die Suppe mit Salz, Pfeffer und Muskat würzen. Zugedeckt bei mittlerer Hitze etwa 10 Minuten köcheln lassen.

4 Die Suppe mit dem Stabmixer pürieren. Die Eigelbe mit der Sahne verquirlen und unter die heiße Suppe rühren. Kurz ziehen, aber nicht mehr kochen lassen. Die Suppe mit Kerbelblättchen garniert servieren.

AROMATISCHE

Zubereiten

SCHWEDEN

(FÜR 4 PORTIONEN)
- **200 g Brennesselblätter**
- **150 g Knollensellerie**
- **1 Zwiebel**
- **1 Stange Lauch**
- **2 EL Butter**
- **1 EL Mehl**
- **1 l Hühnerbrühe**
- **Salz, weißer Pfeffer**
- **1 Eigelb**
- **100 g Schlagsahne**
- **2 hartgekochte Eier**

1 Die Brennesselblätter abbrausen, Salzwasser erhitzen. Die Blätter darin blanchieren, gut abtropfen lassen und fein hacken. Den Knollensellerie und die Zwiebel schälen und fein würfeln. Die

Brennesselsuppe

50 Min.

Lauchstange sorgfältig putzen, waschen und in feine Streifen schneiden. Beiseite stellen.

2 Die Butter zerlassen. Die Zwiebel darin glasig werden lassen. Die Brennesselblätter, den Lauch und den Sellerie hinzufügen und kurz mitdünsten. Das Mehl darüberstäuben und anschwitzen. Die Brühe angießen. Die Suppe mit Salz und Pfeffer würzen. Zugedeckt bei mittlerer Hitze etwa 15 Minuten köcheln lassen.

3 Das Eigelb und die Sahne verquirlen, unter die Suppe rühren. Kurz ziehen, aber nicht mehr kochen lassen. Die Eier schälen, vierteln und in Suppentellern verteilen Dann mit der Kräuterbrühe übergießen.

Würzige Kressesuppe

Zubereiten **1** Std.

Schweiz

(FÜR 4 PORTIONEN)

- **2 Bund Brunnenkresse**
- **2 Schalotten**
- **3 mehligkochende Kartoffeln**
- **2 EL Butter**
- **2 Gläser Kalbsfond (à 450 ml)**
- **Salz, weißer Pfeffer**
- **100 g Schlagsahne**
- **1 EL kalte Butter**

AUSSERDEM

- **½ Bund Schnittlauch**

1 Die Brunnenkresse unter kaltem Wasser abbrausen und trockenschütteln. Die Schalotten schälen und fein würfeln. Die Kartoffeln waschen, schälen und in kleine Würfel schneiden. Die Butter erhitzen und die Schalotten darin glasig werden lassen. Die Kartoffelwürfel hinzufügen und kurz mitdünsten.

2 Den Kalbsfond und 300 ml Wasser angießen. Dann die Suppe zugedeckt 15-20 Minuten köcheln lassen.

3 Die Brunnenkresse in feine Streifen schneiden, in die Suppe geben und alles weitere 5 Minuten köcheln lassen. Die Suppe mit dem Stabmixer pürieren und mit Salz und Pfeffer würzen. Die Sahne hinzufügen und die kalte Butter in Stücken unterrühren.

4 Den Schnittlauch kurz unter kaltem Wasser abbrausen, trockenschütteln und in feine Röllchen schneiden. Die Kressesuppe damit garnieren.

BASMATIREIS-SUPPE »GOA«

INDIEN

Lassen Sie sich betören vom unvergleichlichen Duft des Basmatireis und dem intensiven Aroma von frischem Koriander – nur zwei der vielen Geheimnisse der indischen Küche.

ZUTATEN

(Für 4 Portionen)

- 1 Möhre
- 150 g Knollensellerie
- 1 Stange Lauch
- 1 Zwiebel
- 2 EL Sonnenblumenöl
- 3 EL Tomatenmark
- 1 l Gemüsebrühe
- Salz, schwarzer Pfeffer
- 150 g Basmatireis
- ½ Bund Koriander (siehe Zutatentip)
- ½ TL Garam Masala (siehe Kochtip)

ZUTATENTIP

Frischer Koriander hat einen sehr eigenen und intensiven Geschmack. Er ist deshalb gewöhnungsbedürftig. Sie können ihn jederzeit durch glatte Petersilie ersetzen, erhalten dadurch jedoch ein etwas anderes Aorma.

1 Die Möhre und den Sellerie schälen und kleinwürfeln. Von der Lauchstange die Wurzel und das grüne Ende entfernen. Den Lauch längs aufschneiden, waschen und in feine Streifen schneiden. Die Zwiebel schälen und in feine Würfel schneiden.

2 Das Öl in einem Topf erhitzen. Dann die Zwiebel darin glasig werden lassen. Die Möhre, den Sellerie und den Lauch hinzufügen und kurz mitdünsten. Das Tomatenmark unterrühren. Die Gemüsebrühe angießen. Die Suppe mit Salz und Pfeffer würzen. Dann alles zugedeckt etwa 20 Minuten garen, bis das Gemüse weich ist.

3 Inzwischen den Reis kalt abbrausen, bis das Wasser klar bleibt. Dann abtropfen lassen. Den Koriander unter kaltem Wasser abbrausen und trockenschütteln. Die Blättchen abzupfen und fein schneiden.

4 Die Suppe mit dem Stabmixer pürieren. Den Reis untermischen und alles bei schwacher Hitze etwa 10 Minuten garen, bis der Reis weich ist. Kurz vor Ende der Garzeit den Koriander unterrühren. Die Suppe mit Garam Masala, Salz und Pfeffer abschmecken.

Schritt 1

Schritt 2

Schritt 3

Zubereiten 45 Min.

Pro Portion: 195 kcal/816 kJ;
4 g EW; 9 g F; 24 g KH

TYPISCH INDISCH

Indien ist das Land der kulinarischen Gegensätze. Je nach Religion ist der Verzehr von Schweine- oder Rindfleisch tabu. Bei vielen Hindus im Süden des Landes ist sogar eine vegetarische Lebensweise Pflicht. Reis wird jedoch im ganzen Land gleichermaßen geschätzt und auf viele Weisen zubereitet.

Kochtip

Garam Masala selbstgemacht: 3 EL Korianderkörner, 1 EL Kreuzkümmel, ½ TL Pfefferkörner, ½ Zimtstange, 2 Nelken, 2 grüne und 1 schwarze Kardamomkapsel, ½ Lorbeerblatt, 1 Muskatblüte ohne Fett rösten. Dann abkühlen lassen, fein mahlen und etwas geriebene Muskatnuß und Ingwerpulver daruntermischen.

Serviertip

Ein exotischer Fruchtsalat als Dessert läßt sich problemlos vorbereiten und schmeckt nach der Suppe sehr erfrischend. Frische Ananas, Karambole, Papaya und Mango in kleine Stücke schneiden. Mit einer Physalis und Zitronenmelisseblättchen dekorieren.

CURRYSUPPE MIT HUHN UND MANGO

Zartes Hähnchenbrustfilet in Kokosmilch, Gemüsebrühe und Sahne sanft gegart, mit Ingwer, Curry und frischer Mango fruchtig-scharf abgeschmeckt – wahrhaft ein indisches Gedicht.

INDIEN

ZUTATEN
(Für 4 Portionen)

- 2 Schalotten
- 2 Knoblauchzehen
- 2 cm frische Ingwerwurzel
- 1 Mango
- 300 g Hähnchenbrustfilet
- 2 EL Butterschmalz
- Salz, weißer Pfeffer
- 2 EL Currypulver
- 2 EL Mehl
- ½ l Gemüsebrühe
- 300 ml Kokosmilch (siehe Zutatentip)
- 200 g Schlagsahne
- 1 Bund Petersilie

ZUTATENTIP

Statt Kokosmilch aus der Dose können Sie auch 400 g Kokosflocken mit 400 ml heißem Wasser überbrühen, abkühlen lassen, durch ein Sieb gießen und weiterverwenden wie beschrieben.

1 Die Schalotten, den Knoblauch und den Ingwer schälen und ganz fein würfeln. Die Mango schälen und in Spalten vom Stein schneiden. Das Fruchtfleisch ebenfalls fein würfeln. Das Hähnchenbrustfilet abbrausen, trockentupfen und in Streifen schneiden.

Schritt 1

2 Das Schmalz in einem Topf erhitzen. Das Hähnchenbrustfilet darin rundum hellbraun anbraten. Herausnehmen, mit Salz und Pfeffer würzen und zugedeckt beiseite stellen. Die Schalotten, den Knoblauch und den Ingwer im Bratfett glasig werden lassen. Das Currypulver und das Mehl darüberstäuben, kurz mitdünsten. Dann die Gemüsebrühe und die Kokosmilch unter Rühren angießen. Alles mit Salz und Pfeffer würzen.

Schritt 2

3 Die Mango, das Hähnchenfleisch und die Sahne unterrühren. Alles bei schwacher Hitze noch etwa 5 Minuten ziehen lassen. Inzwischen die Petersilie abbrausen, trockenschütteln und bis auf einige Blättchen ohne grobe Stiele fein hacken. Die gehackte Petersilie mit der Currysuppe in vorgewärmte Suppenteller verteilen. Mit den Petersilienblättchen garniert noch heiß servieren.

Schritt 3

Zubereiten **25** Min.
Pro Portion: 350 kcal/1465 kJ; 21 g EW; 20 g F; 22 g KH

TYPISCH INDISCH

Bunt wie die Tücher dieser Nomadinnen ist die Palette der in Indien verwendeten Gewürze. In einem guten Currypulver sind zahlreiche Zutaten wie Gelbwurz, Paprika, Kümmel und Koriander raffiniert gemixt. Es wird vor allem zum Würzen von scharfen Currygerichten mit Fleisch oder Fisch und Früchten verwendet.

Kochtip

Gemüsebrühe selbstgemacht: je 2 Stangen Lauch und Bleichsellerie, 2 Zwiebeln, 4 Möhren, 1 Kopf Salat und 2 Weißkohlblätter grob hacken. Mit 4 Stengel glatter Petersilie, 1 TL getrocknetem Thymian, 1 Lorbeerblatt, Salz und 1 ½ l Wasser zum Kochen bringen, 45 Minuten köcheln lassen. Die Brühe durch ein Sieb gießen.

Serviertip

Reichen Sie als Beilage zur Suppe frische »Chapatis«. Diese traditionellen indischen Brotfladen werden aus einem Teig aus 225 g Weizenvollkornschrot, ½ TL Salz und etwa 200 ml Wasser hergestellt. Sie können die Fladen aber auch in indischen Lebensmittelläden kaufen.

Hühnersuppe mit Bambussprossen

CHINA

Pilzfreunde werden diese Suppe lieben: Shiitake-Pilze sind wunderbar aromatisch, Sojasauce und Ingwer würzen perfekt. Chinesen würden diese Suppe übrigens als Dessert genießen.

ZUTATEN
(Für 4 Portionen)

- 1 kleines Suppenhuhn (etwa 1 kg)
- 1 TL Salz
- 5 schwarze Pfefferkörner
- 1 kleine Stange Lauch
- 2 cm frische Ingwerwurzel
- 5 EL Reiswein
- 4 EL chinesische Sojasauce
- 150 g frische Shiitake-Pilze (siehe Zutatentip)
- 200 g Bambussprossen aus der Dose

AUSSERDEM

- einige Korianderblättchen

ZUTATENTIP
Frische Shiitake-Pilze, auch Tongku-Pilze genannt, gibt es wie den Reiswein und die Bambussprossen in asiatischen Geschäften zu kaufen.

1 Das Huhn innen und außen waschen (siehe Kochtip). Dann mit dem Salz und den Pfefferkörnern in einem Topf mit kaltem Wasser bedeckt langsam zum Kochen bringen. Von der Lauchstange die Wurzeln und das grüne Ende entfernen, längs aufschneiden und waschen. Den Ingwer schälen und grob zerkleinern. Den Lauch und den Ingwer mit 3 EL Reiswein und 3 EL Sojasauce zum Huhn geben. Im offenen Topf bei schwacher Hitze etwa 2 Stunden 30 Minuten köcheln.

Schritt 1

2 Das Huhn aus der Brühe nehmen. Die Brühe durch ein feines Sieb gießen und am besten über Nacht erkalten lassen. Das Hühnerfleisch von den Knochen lösen und zugedeckt in den Kühlschrank stellen.

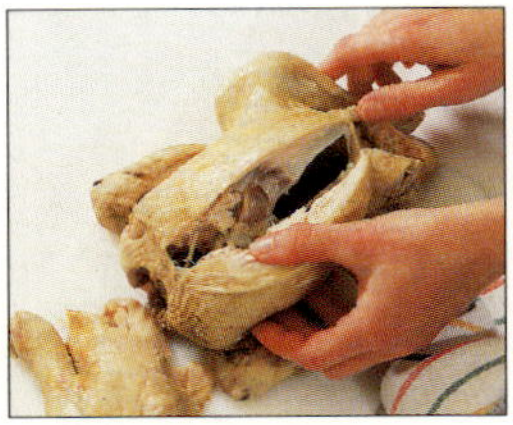

Schritt 2

3 Das Fett von der Brühe abschöpfen und die Brühe erhitzen. Die Pilze mit Küchenpapier abreiben und putzen. Die Pilzköpfe in feine Streifen schneiden und zur Brühe geben. Die Bambussprossen abtropfen lassen. Mit dem Hühnerfleisch, dem restlichen Reiswein und der übrigen Sojasauce ebenfalls zur Brühe geben. Die Suppe etwa 10 Minuten garen. Dann mit Koriander bestreut servieren.

Schritt 3

Zubereiten **1** Std.
Garen **2** Std. **30** Min. Kühlen **12** Std.
Pro Portion: 315 kcal/1319 kJ; 44 g EW; 13 g F; 5 g KH

TYPISCH CHINESISCH
Eine tüchtige Suppenköchin darf sich nach einem anstrengenden Tag ruhig mal entspannen. Bei der Auswahl der Zutaten sind für sie nicht nur der Geschmack, sondern auch Konsistenz, Farbe und Frische wichtig. Geflügel zum Beispiel wird in China meist lebend gekauft und direkt in der Küche weiterverarbeitet.

Kochtip

Bei der Verwendung von Geflügelfleisch in der Küche sind Hygienemaßnahmen besonders wichtig: So sollten Sie das Huhn, egal ob frisch oder aufgetaut, vor der Zubereitung auf jeden Fall innen und außen kalt waschen. Anschließend alle benutzten Gerätschaften sofort unter heißem Wasser gründlich reinigen.

Serviertip

Litschi-Sorbet zum Dessert: Dafür Litschis schälen, Kerne entfernen und pürieren. Wasser mit Zucker und Nelke aufkochen, mit dem Litschi-Püree verrühren und gefrieren lassen. Mit Minzeblättchen und einer Litschi dekoriert servieren.

SERVIERTIP Wählen Sie zu einer einfarbigen Tischdecke Ihre Servietten in einer kontrastierenden Farbe. Verwenden Sie anstelle von Tischsets große Bananenblätter, die Sie in Blumenläden bekommen.

INDONESISCHE KOKOSNUSS-SUPPE

INDONESIEN

Ein wahres Feuerwerk an Gewürzen und exotischen Zutaten, wie sie für den fernöstlichen Inselstaat typisch sind, sorgt bei dieser Suppe für ein nachhaltiges Geschmackserlebnis.

ZUTATEN

(Für 4 Portionen)

- 2 Schalotten
- 2 Knoblauchzehen
- 2 cm frische Ingwerwurzel
- 2 Stengel Zitronengras
- 1 TL Terasi (Krabbenpaste)
- 3 EL gemahlene Mandeln
- 3-4 EL Limettensaft
- ½ TL Kurkuma
- ½ TL gemahlener Koriander
- 150 g Sojabohnensprossen aus der Dose
- 2 frische rote Chilischoten
- 100 g Kokosflocken
- 2 große Hähnchenbrustfilets (etwa 400 g)
- 2 EL Butterschmalz
- 1 EL Sesamöl
- ½ l Kokosmilch
- ¼ l Gemüsebrühe
- 2 Bananen
- Salz, Kecap manis (süße Sojasauce)
- einige Korianderblättchen

1 Die Schalotten, den Knoblauch und den Ingwer schälen und fein würfeln. Vom Zitronengras den unteren Teil ganz fein zerkleinern. Die Krabbenpaste zerdrücken. Alles mit Mandeln, Limettensaft, Kurkuma und Koriander verrühren. Die Sojabohnensprossen abtropfen lassen. Die Chilischoten halbieren und vom Stielansatz sowie Samensträngen befreien. Dann waschen und in feine Streifen schneiden. Die Kokosflocken in einer Pfanne ohne Fett hellgelb rösten.

Schritt 1

2 Die Hähnchenbrustfilets kalt abbrausen, trockentupfen und in Würfel schneiden. Das Butterschmalz in einem Topf erhitzen. Das Hähnchenfleisch darin rundum goldbraun anbraten. Dann herausnehmen und zugedeckt beiseite stellen. Das Sesamöl im gleichen Topf erhitzen. Die Krabben-Mandel-Paste etwa 3 Minuten darin braten.

Schritt 2

3 Die Kokosmilch und die Gemüsebrühe angießen. Hähnchenfleisch, Sojasprossen und Chilis hinzufügen. Alles bei schwacher Hitze 5 Minuten garen. Die Bananen schälen und in Scheiben schneiden. Die Suppe mit Salz und Kecap manis würzen. Die Bananen dazugeben, kurz miterhitzen. Mit den Kokosflocken und Koriander garniert servieren.

Schritt 3

Zubereiten 35 Min.
Pro Portion: 440 kcal/1842 kJ; 29 g EW; 25 g F; 25 g KH

TYPISCH INDONESISCH

Dreizehntausend Inseln formen Indonesien, den größten Archipelstaat der Welt. Wie in den Landschaften ergänzen sich auch in der Küche entfernteste Gegensätze zum harmonischen Ganzen. Besonders ausgleichend wirkt dabei oft das sanfte Aroma der frischen Kokosnuß.

Blumenkohlsuppe mit Petersilienpaste

Eine wunderbar frühlingsfrische Suppe aus Australien, die mit Sahne und Wein raffiniert verfeinert wird. Die Petersilienpaste macht aus dem Gaumen- auch noch einen Augenschmaus.

Australien

ZUTATEN
(Für 4 Portionen)

- 1 kleiner Blumenkohl (etwa 700 g)
- 150 g Knollensellerie
- 1 Stange Lauch
- 750 ml Geflügelfond (aus dem Glas; siehe Zutatentip)
- Salz, weißer Pfeffer
- 100 g Crème double

FÜR DIE PETERSILIENPASTE
- 2 Bund glatte Petersilie
- 50 ml Geflügelfond (aus dem Glas)
- 50 ml trockener Weißwein
- 1 EL Crème double

Zutatentip
Sollten Sie keinen Geflügelfond im Glas bekommen, können Sie ihn durch eine kräftige Brühe ersetzen.

1 Den Blumenkohl putzen, waschen und in die einzelnen Röschen teilen. Den Sellerie schälen und in kleine Würfel schneiden. Von der Lauchstange die Wurzel und das grüne Ende entfernen. Den Lauch längs mit einem Messer aufschneiden, gründlich waschen und in feine Streifen schneiden.

Schritt 1

2 Das Gemüse mit dem Geflügelfond in einen Topf geben. Dann 300 ml Wasser angießen. Mit Salz und Pfeffer würzen. Bei mittlerer Hitze zugedeckt etwa 20 Minuten köcheln lassen, bis das Gemüse weich ist.

Schritt 1

3 Die Petersilie kurz abbrausen und gut trockenschütteln. Die Blättchen abzupfen und fein hacken. Die Petersilie, den Geflügelfond und den Weißwein mit dem Stabmixer pürieren. Die Crème double unterrühren. Mit Pfeffer würzen. Zugedeckt beiseite stellen.

Schritt 3

4 Sobald das Gemüse weich ist, die Suppe mit dem Stabmixer pürieren. Dann die Crème double unterrühren. Die Blumenkohlsuppe mit Salz und Pfeffer abschmecken. In vorgewärmten Tellern verteilen und je einen Klecks Petersiliensauce darauf geben. Mit einem Holzstäbchen ein Muster hineinziehen. Die Blumenkohlsuppe sofort servieren.

Zubereiten **40** Min.
Pro Portion: 440 kcal/1842 kJ; 41 g EW; 18 g F; 28 g KH

Typisch australisch
Ein buntes Völkergemisch abenteuerlustiger Einwanderer bewohnt die australischen Metropolen. Ihre Herkunftsländer prägen die Eßgewohnheiten des kleinen Kontinents. Britische, italienische, französiche, griechische, deutsche und asiatische Einflüsse verbinden sich zu einer fröhlichen, multikulturellen Küche.

Kochtip

Die Petersilienpaste läßt sich gut in größeren Mengen zubereiten und aufbewahren. Aus Petersilie, Geflügelfond und Weißwein wie im Rezept beschrieben eine fein pürierte Masse zubereiten und portionsweise tiefgefrieren. Die Crème double erst nach dem Auftauen unter die Petersilienmasse rühren.

Serviertip

Als Dessert paßt ein leichtes Zitronen-Fruchtgelee. Dafür den Saft mehrerer Zitronen auspressen und passieren. Gelatine nach Packungsanleitung vorbereiten, unter den Zitronensaft rühren und kühl stellen. Kurz vor dem Servieren mit Sahne garnieren und Trauben dazu reichen.

TOMATEN-ORANGEN-SUPPE

NEUSEELAND

Sonnengereifte Tomaten und süß-säuerliche Orangen geben dieser sommerlichen Suppe aus Neuseeland ihre fruchtige Note. Das würzig Aroma des frischen Korianders rundet sie ab.

ZUTATEN
(Für 4 Portionen)

- 1 Bund Frühlingszwiebeln
- 800 g Tomaten (siehe Zutatentip)
- 2 EL Olivenöl
- 1 l Kalbs- oder Gemüsebrühe
- Salz, schwarzer Pfeffer
- 1 unbehandelte Orange
- ½ Bund Koriander
- 2 TL Zitronensaft

ZUTATENTIP
In den Sommermonaten sollten Sie sonnengereifte Strauchtomaten verwenden. Sie haben am meisten Aroma. Im Winter greifen Sie am besten zu bereits geschälten Tomaten aus der Dose.

1 Die Frühlingszwiebeln gründlich waschen, putzen und in feine Röllchen schneiden. Von den Tomaten den Stielansatz entfernen und die Haut kreuzweise einritzen. Dann die Tomaten kurz überbrühen, häuten und kleinwürfeln. Alles beiseite stellen.

Schritt 1

2 Das Olivenöl in einem Topf erhitzen. Die Frühlingszwiebeln darin weich werden lassen. Die Tomaten hinzufügen und kurz erwärmen. Dann die Brühe angießen. Die Suppe mit Salz und Pfeffer würzen. Alles zugedeckt etwa 5 Minuten köcheln lassen.

3 Inzwischen die Orange heiß abwaschen und trockenreiben. 1-2 Teelöffel Orangenschale abreiben und den Saft auspressen. Den Koriander unter kaltem Wasser kurz abbrausen und trockenschütteln. Die Blättchen abzupfen und fein hacken.

Schritt 3

4 Die Suppe mit dem Stabmixer pürieren. Dann die Orangenschale und den -saft sowie den Koriander unterrühren. Die Tomaten-Orangen-Suppe mit Zitronensaft pikant abschmecken und heiß servieren.

Schritt 4

Zubereiten 35 Min.
Pro Portion: 120 kcal/502 kJ;
3 g EW; 8 g Fett; 8 g KH

TYPISCH NEUSEELAND
Das milde Klima und die weiten, fast menschenleeren Landschaften lassen Neuseeland als eines der letzten Paradiese erscheinen, in der die Natur noch einen besonders hohen Stellenwert hat. Frische Zutaten sind daher die Basis für viele Gerichte wie diese Suppe mit Tomaten, Zitrusfrüchten und Koriander.

Kochtip

Ein Stabmixer sollte in keiner Küche fehlen. Damit lassen sich rohes oder gekochtes Gemüse und Obst mühelos zerkleinern oder fein pürieren. Im Vergleich zu einem Standmixer braucht er weniger Platz und Sie können direkt im Topf oder in der Schüssel arbeiten. Ein zusätzliches Spezialgefäß wird nicht benötigt.

Serviertip

Reichen Sie als Hauptgericht einen Spargel-Kiwi-Salat. Kiwis schälen und in dünne Scheiben schneiden. Auf Tellern anrichten. Die gekochten Spargelstangen halbieren und darauf verteilen. Dann Kiwis und Spargel mit einer Vinaigrette übergießen.

Küchen-Lexikon

Hier finden Sie Wissenswertes über wichtige Zutaten und klassische Zubereitungstechniken sowie nützliche Tips für die Suppenküche.

Abschäumen

Bei Fleisch- und Fischbrühen bildet sich nach dem Aufkochen ein Schaum aus Eiweißbestandteilen, den Sie während des Kochens mit einem Schaumlöffel immer wieder abschöpfen sollten, damit die Brühe klar bleibt.

Gar ziehen

Klößchen und gefüllte Teigwaren, aber auch Fisch oder Fleisch läßt man knapp unter dem Siedepunkt garen. Die Flüssigkeit darf nicht kochen!

Karkassen

Aus den rohen Knochen beziehungsweise Gräten, sogenannten Karkassen, von Geflügel, Wild oder Fisch lassen sich zusammen mit Gewürzen, Gemüsen und Kräutern schmackhafte Fonds für Saucen und Suppen kochen.

Klären

Zum Entfernen der Trübstoffe in klaren Brühen können Sie rohes Eiweiß, Rind- oder Fischfleisch verwenden, je nachdem womit die Brühe gekocht wurde. Dafür das Fleisch durch die grobe Scheibe des Fleischwolfs drehen. Das Klärfleisch oder Eiweiß in die kalte Brühe geben

Suppengemüse und Suppenkräuter

In der richtigen Zusammenstellung geben frische Kräuter und Gemüse vielen Suppen erst Würze und Aroma. In Ausnahmefällen können Sie auf tiefgefrorenes Suppengemüse und -grün zurückgreifen.

Lauch

Frische Lauchstangen sind fest, frei von welken Stellen, die Blätter saftig grün und der Wurzelansatz frisch. Die Lauchstangen vor dem Waschen der Länge nach einschneiden und leicht auseinanderdrücken. Dann unter fließend kaltem Wasser auch zwischen den einzelnen Blättern gründlich waschen.

Petersilienwurzel

Ab Oktober sind die weißen Wurzeln im Handel. Sie geben Suppen eine besondere Würze, lassen sich aber auch als Gemüse oder püriert als Cremesuppe zubereiten.

Glatte Petersilie

Als Suppenwürze ist die glatte Petersilie ihres kräftigeren Aromas wegen der krausen überlegen. Durchs Kochen geht allerdings viel von ihrem Geschmack verloren. Daher Petersilie immer erst kurz vor dem Servieren in die Suppe geben.

Liebstöckel (Maggikraut)

Dieses ursprünglich vermutlich orientalische, inzwischen aber auch für die europäische Küche klassische Suppengewürz erinnert im Geruch stark an Maggi-Würzsauce. Deshalb auch der Name Maggikraut. Liebstöckel ist sehr dominant im Geschmack, daher sollten Sie es mit viel Fingerspitzengefühl dosieren.

Knollensellerie

Der deftigen Knolle gebührt gerade in der winterlichen Gemüseküche ein fester Platz, denn Knollensellerie enthält viele Vitamine und Mineralstoffe.Ob als Suppen- oder Eintopfeinlage, als Salat oder als Essiggemüse, Verwendungsmöglichkeiten gibt es viele.

Möhren

Viele der gesunden, ja sogar heilenden Inhaltsstoffe der knackigen Wurzeln befinden sich direkt unter der Schale. Daher Möhren immer am besten nur unter Wasser bürsten und leicht schaben.

und alles langsam erhitzen. Die Trübstoffe werden dabei vom Eiweiß gebunden. Dann die Klärmasse abschöpfen und die Brühe durch ein Tuch passieren.

Kraftbrühe

Eine Kraftbrühe oder Consommé ist eine stark eingekochte, geklärte Brühe von besonders intensivem Geschmack. Für Rinderconsommé: 1 l Rinderbrühe mit 250 g Rinderhackfleisch zum Kochen bringen und 30 Minuten ziehen lassen, dabei die Brühe nicht umrühren. Dann die Rinderconsommé durch ein Sieb passieren.

Legieren

Gebundene Suppen, Gemüsecreme- oder Sahnesuppen können Sie zusätzlich mit Eigelb legieren. Dafür das Eigelb mit etwas Suppenflüssigkeit oder Sahne verquirlen und langsam in die heiße, aber nicht mehr kochende Suppe rühren. Die Suppe noch kurz ziehen lassen. Bei mehlgebundenen Suppen können Sie wahlweise 1 EL Mehl durch 1 Eigelb ersetzen.

Lorbeerblatt

Es ist neben Petersilie, Thymian, und Majoran unverzichtbarer Bestandteil des bouquet garni und gibt Suppen und Saucen einen würzigen Geschmack. Da es sein Aroma nur langsam entfaltet, sollte das Lorbeerblatt während der ganzen Garzeit in der Suppe oder Sauce bleiben.

Suppeneinlagen

Eine feine, selbstgemachte Brühe ist sicher ein Gedicht, aber was wäre sie ohne die entsprechende Einlage, die daraus erst eine richtige Mahlzeit macht?

Croûtons

Die in Butter oder Öl knusprig gebratenen Weißbrotwürfelchen geben der Suppe Biß.

Flädle

Sie sind eine Spezialität der süddeutschen Küche. Aus Pfannkuchenteig werden dünne Fladen hellgelb gebacken. Die Fladen kurz abkühlen lassen, dann aufrollen und die Rolle in möglichst feine Scheiben schneiden. Flädle eignen sich auch hervorragend zum Tiefgefrieren oder Trocknen.

Gefüllte Teigwaren

Man kennt sie überall auf der Welt: fein ge-füllte Teigwaren, die in heißer Brühe sanft gegart werden. Wichtig ist bei allen, daß der Teig die Füllung ganz umschließt, so daß beim Garen nichts herausquellen kann. Deshalb die Ränder immer gut festdrücken oder – wie bei Wan Tans – die Teigstücke fest zubinden. Nehmen Sie zum Garen stets einen großen Topf und viel Flüssigkeit, denn die Teigwaren müssen genügend Platz haben, sonst bleiben sie aneinander kleben.

Eierstich

Dafür 2 frische Eier mit 50 ml Milch verquirlen, mit Salz, Pfeffer und Muskat würzen. Eine rechteckige feuerfeste Form ausölen. Die Eiermasse etwa 1 cm hoch einfüllen. Im Wasserbad im vorgeheizten Backofen bei 80 °C etwa 40 Minuten gar ziehen lassen, bis die Masse schnittfest ist.

Klößchen und Nockerl

Ob Sie Grieß-, Fisch-Leber- oder Brätknödel bevorzugen, kochen Sie am besten immer einen Probekloß. Zerfällt der Kloß, ist der Teig zu weich. Wird er zu hart, fehlt auf jeden Fall noch etwas Flüssigkeit.

Suppenhuhn

Das Fleisch der etwa 1 bis 2 kg schweren Suppenhühner ist oft langfaserig und trocken. Daher sollten Sie es möglichst nur zum Kochen und nicht zum Braten verwenden. Das gekochte, ausgelöste Fleisch findet zerkleinert als Suppen- und Eintopfeinlage oder als Geflügelsalat Verwendung. Wer auf Qualität achtet, kauft Geflügel nur aus Freilandhaltung.

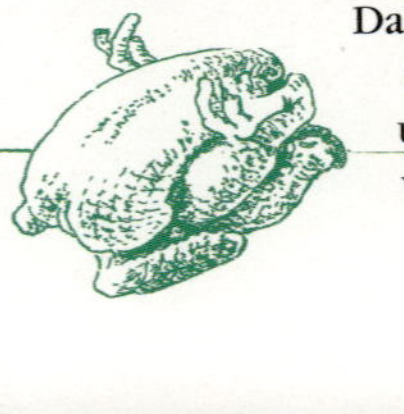

Menüvorschläge

Die folgenden Vorschläge sollen Ihnen als kleine Anregung dienen, wenn Sie die Suppen bei einem mehrgängigen Menü für die Familie oder für Freunde einplanen möchten.

Moldawien

Moldawische Kartoffel-Käse-Suppe
6/7
Sauerkohlrouladen mit Hackfleisch-Reis-Füllung
Palatschinken mit Quarkfüllung

Polen

Gemüsesuppe »Krupnik«
8/9
Schweinefleisch mit grünen Bohnen
Gebackener Buchweizenpudding mit Vanillesauce

Tschechien

Südböhmische Pilzsuppe 10/11
Prager Schinken in Brotteig
Erdbeerknödel mit Butter und Zimt-Zucker

Österreich

Steirische Kürbiscremesuppe 12/13
Wurzelfleisch
Schlosserbuben

Griessnockerlsuppe
14/15
Tiroler Schinken
Paunzen mit Honig und Mohn

Deutschland

Badische Flädlesuppe
16/17
Spargel mit Schinken und Butter-Kartoffeln
Hollunderküchle

Leichte Kartoffelsuppe 18/19
Zwiebelfleisch mit Sauerkrautpuffer
Arme Ritter

Norwegen

Feine Krabbensuppe
20/21
Smørrebrød
Sauerrahmwaffeln

Dänemark

Dänische Bier-Ingwer-Suppe 22/23
Kabeljau in Meerrettichsauce
Reis-Mandel-Pudding

Spanien

Trauben-Mandel-Suppe
26/27
Paella mit Miesmuscheln
Zimtplätzchen

Spanische Knoblauchsuppe 28/29
Kartoffeltortilla
Flan mit Karamelsauce

Rezeptregister

Impressum

Redaktion: Förstner & Knophius GmbH
Rezepte: Claudia Daiber
Illustrationen: Rita Mühlbauer

Bildnachweis
Alle Titel- und Rezeptfotos:
Meister Verlag/International Masters Publisher B.V.
Harry Bischof, Dorothee Gödert, Eising FoodPhotography, Georg Wunsch
Einleitung: 4 oben IFA, Fiedler; 4/5 oben IFA, Eigner; 4/5 unten IFA, Welsh; 5 oben Schapowalow/Thiele; 5 unten Mauritius, Vidler
Fotos zu den »Typisch-Abschnitten«: 6 IFA, March; 8 Image Bank, Niedorf; 10 Moody Meyer; 12 Mauritius, Pigneter; 14 Mauritius, Dr. Reisel; 16 all Over, Haafke; 18 Schapowalow/Grimm; 21 Schapowalow/Messerschmidt; 22 Schapowalow/Pratt-Pries; 26 Mauritius, Ligges; 28 Mauritius, Photo Bank; 30 all Over, Hoenig; 32 Mauritius, Torino; 35 Okapi, Grzimek; 36 Mauritius, Scholz; 38 all Over, Lantelmé; 40 Schapowalow/Scholz; 43 Schapowalow/Bahner; 44 Tony Stone, Resnick; 48 Schapowalow/Stepan; 50 Mauritius, Torino; 52 all Over, Grosskopf; 55 Mauritius, Thonig; 56 all Over, Grosskopf; 58 Mauritius, Kord;

Reproduktionen DIATEC ® Digital + Imaging Services GmbH, München
Computer to plate: S-B-P-S GmbH Kirchberg
Druck und Weiterverarbeitung: Sebald Sachsendruck Plauen

ISBN 3-88477-028-4